ビジネス書図鑑

見るだけでわかる！
The Infographic Encyclopedia of The Business Classics

グロービス
著

グロービス経営大学院教授
荒木博行
執筆

Globis & Hirohyuki Araki

まえがき
Introduction

ビジネス書から「仕事に使えるフレームワーク」を学びとる

「フレームワークとはどんなものか?」と聞かれたら、皆さんは何と答えますか?

　簡単にいえば、ビジネスにおける複雑な状況を整理・把握するための視点(枠組み)のことです。MBAなどで教わることが多く、かつては経営コンサルタントの専売特許的なツールでしたが、近年、研修や書籍などで多く紹介され、現在は一般のビジネスパーソンにも広く知られるようになりました。少し勉強した人であれば、3C、4P、5フォースやPESTといった、代表的なフレームワークの名前を思い浮かべるかもしれません。

　もちろん、そういった著名なフレームワークを勉強するのも大事ですが、私が本書で皆さんに伝えたいことのひとつは、**私たちの身のまわりにあるビジネス書の中にも、ビジネスに使える「隠れたフレームワーク」がたくさん転がっている**ということです。

　例えば、187ページで紹介している『衰退の法則』では、破綻企業の経営陣の特徴として、「極めて強い社内政治力」「極めて低い経営リテラシー」「極めて低い実務能力」の3つが挙げられています。これも、経営を理解するための整理のハコ、すなわち「フレームワーク」といえます。つまり、経営者を見るときには、「社内政治力」「経営リテラシー」「実務能力」という3つの視点で考えればいいわけです。

　これをたとえばPowerとLiteracy、Capabilityの頭文字をとって、「PLC」と名づけてもいいかもしれません。そうして自社の経営陣がどれくらいヤバいかを「PLC」でチェックしてみる……こんな使い方ができれば、これは立派なフレームワークと呼べるでしょう。

（一般的に「PLC」といえば「Product Life Cycle」という概念を指しますので、この省略は例としてはあまりイケてませんが）

　しかし、このように書籍で読んだ概念を「フレームワーク」として実践場面まで持ち込んで活用できている人は、それほど多くありません。
　そもそも通常の書籍においては、素晴らしいものの見方が書かれていても、キャッチーで腹落ちしやすいように整理までされていることは稀ですし、それに、読んだ人の中でどれだけ腹落ちしたとしても、それをさらに仕事に使えるレベルまで落とし込むのは難しいからです。読んだ本の冊数をどれだけ重ねていっても、目の前の仕事に活かしきれていないのであれば、それはもったいないことです。

　このことは、かつての私の問題意識でもありました。**「本をたくさん読んでいる割には使いこなせていない」**。そのために、私自身は今まで様々な形で読んだ本から「使えそうな視点」を抜き取り、ストックすることに努めてきました。その歴史はかなり長く、かつては手書きノート、それ以降はEvernoteなどのアプリなどを活用して記憶に留め、世の中にたくさん転がっている「隠れたフレームワーク」を実務で使えるようにしてきました。
　私がもしビジネスにおいて成長してきたといえるのであれば、その大きな部分は、良いビジネス書にめぐりあえたこと、そしてそれらの書籍の内容から得た視点を確実に実務に反映してきたからなのです。

心に残る「イラスト」の力

　そして、最近になって新たに活用しはじめたのが、本書にふんだんに使われている「イラスト化」です。単なるテキストだけでは記憶の歩留まりがあまり高くないうえに、後から見返してみても味気ない。一方で文章の片隅にイラストが描かれているだけで、その内容がイキイキと伝わるのです。

　よく「イラストは昔から描いていたんですか?」と聞かれますが、全くそんなことはありません。もちろん嫌いではありませんでしたが、子どもの似顔絵を描く程度。そんな私がiPad ProとApple Pencilというガジェットを手にして、半分趣味感覚でチャレンジしたのが、この「書籍のイラストまとめ」です。

　そういう意味では、あくまでもパーソナルかつ趣味の一環で始めたものです。しかし、それを試しにFacebookで公開したところ、閲覧者の皆さんから「これは使える」「イラストで見るとすっと入ってくる」と予想以上の反響をいただき、このたび運良く出版にまで至ることができました。

「とっつきにくいけど奥深い書籍」が対象

　それでは本書の中身を紹介しておきましょう。

　本書は35冊のビジネス書の内容を紹介しつつ、「それを自分の仕事でどう活用するのか」という示唆をまとめた内容になっています。これは11ページの「本の読み方・使い方」でも紹介するとおり、私が書籍を読んで脳内に吸収するために実際に行なっていることです。

　選書の基準は、「とっつきにくいけど奥深いもの」としています。「良薬は口に苦し」ではありませんが、ビジネス書における良書というものは必ずしも読みやすい

ものとは限りません。『U理論』しかり、『ティール組織』しかり。長大なものや構造が難解なもの、訳に古さが感じられるものなど、昨今のキャッチーな売れ筋書籍と比べてしまうとどうしても二の足を踏んでしまうものが多いのも事実。しかし、深く読み込めば内容は奥深く考えさせられるものばかりです。だからこそ、良書といわれるわけです。

　領域はあえてあまり絞らずに、バラエティを持たせました。『サピエンス全史』『夜と霧』のようにビジネスとは直接関係のない領域の書籍から、『イノベーションのジレンマ』のようにビジネス書の王道であり古典とも言われている書籍まで。なかには『自分の小さな「箱」から脱出する方法』のようにとっつきやすいライトタッチな本も例外的に入れていますが、基本的には「評判は高いが手に取りにくい書籍」を選んでいます。こういったとっつきにくい本にこそ、イラストの力で理解を助ける意味があると考えたからです。そして、そこから得られた生きた知恵をビジネスで実践してみたい、というのが私個人の当初の目的でした。この本を手に取る皆さんにとっても、単に書籍の内容を理解するだけでなく、実践面でもお役に立つことができればと思っています。

　それでは、これから早速名著への旅に進みましょう。この本の中に少しでも皆さんのビジネスが良い方向に進むヒントが見つかれば嬉しいです。

見るだけでわかる！
ビジネス書図鑑 ｜ 目次
The Infographic Encyclopedia of The Business Classics
Index

まえがき ｜ 1

本の読み方・使い方 ｜ 11

Chapter 1.
「個人」の生き方を考える

これからの生き方やキャリアについて考える

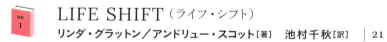

No.1 LIFE SHIFT（ライフ・シフト）
リンダ・グラットン／アンドリュー・スコット[著]　池村千秋[訳] ｜ 21

No.2 隷属なき道
ルトガー・ブレグマン[著]　野中香方子[訳] ｜ 27

No.3 働くひとのためのキャリア・デザイン
金井壽宏[著] ｜ 33

ティール組織
№.4 フレデリック・ラルー[著] 鈴木立哉[訳] | 39

イノベーション・オブ・ライフ
№.5 クレイトン・M・クリステンセン他[著] 櫻井祐子[訳] | 45

ビジネスパーソンとしての在り方を学ぶ

リーダーシップの旅
№.6 野田智義／金井壽宏[著] | 51

U理論［第二版］
№.7 C・オットー・シャーマー[著] 中土井僚／由佐美加子[訳] | 57

なぜ人と組織は変われないのか
№.8 ロバート・キーガン／リサ・ラスコウ・レイヒー[著] 池村千秋[訳] | 63

やり抜く力
№.9 アンジェラ・ダックワース[著] 神崎朗子[訳] | 69

夜と霧【新版】
№.10 ヴィクトール・E・フランクル[著] 池田香代子[訳] | 75

Chapter 2.
「人間」の本質を理解する

人間の歴史を紐解く

No. 11 サピエンス全史（上・下）
ユヴァル・ノア・ハラリ[著]　柴田裕之[訳]　| 83

No. 12 銃・病原菌・鉄（上・下）
ジャレド・ダイアモンド[著]　倉骨彰[訳]　| 89

人間の性質を理解する

No. 13 影響力の武器 [第三版]
ロバート・B・チャルディーニ[著]　社会行動研究会[訳]　| 95

No. 14 失敗の科学
マシュー・サイド[著]　有枝春[訳]　| 101

No. 15 選択の科学 コロンビア大学ビジネススクール特別講義
シーナ・アイエンガー[著]　櫻井祐子[訳]　| 107

No. 16 「空気」の研究
山本七平[著]　| 113

Chapter 3.

「企業・組織」の本質を考察する

戦略論を理解する

№17 パラノイアだけが生き残る
アンドリュー・S・グローブ[著] 佐々木かをり[訳] │ 121

№18 ゼロ・トゥ・ワン
ピーター・ティール／ブレイク・マスターズ[著] 関美和[訳] │ 127

№19 確率思考の戦略論
森岡毅／今西聖貴[著] │ 133

№20 イノベーションのジレンマ 増補改訂版
クレイトン・M・クリステンセン[著] 玉田俊平太[監修] 伊豆原弓[訳] │ 139

№21 ジョブ理論
クレイトン・M・クリステンセン他[著] 依田光江[訳] │ 145

№22 経営戦略の論理〈第4版〉
伊丹敬之[著] │ 151

№23 ストーリーとしての競争戦略
楠木建[著] │ 157

No.
24
V字回復の経営

三枝匡［著］　│　163

組織論・マネジメントを理解する

No.
25
HIGH OUTPUT MANAGEMENT

アンドリュー・S・グローブ［著］　小林薫［訳］　│　169

No.
26
失敗の本質 日本軍の組織論的研究

戸部良一／寺本義也／鎌田伸一／杉之尾孝生／村井友秀／野中郁次郎［著］　│　175

No.
27
知識創造企業

野中郁次郎／竹内弘高［著］　梅本勝博［訳］　│　181

No.
28
衰退の法則

小城武彦［著］　│　187

No.
29
バリュエーションの教科書

森生明［著］　│　193

No.
30
自分の小さな「箱」から脱出する方法

アービンジャー・インスティチュート［著］　金森重樹［監修］　冨永星［訳］　│　199

No.
31
プロフェッショナルマネジャー

ハロルド・ジェニーン［著］　田中融二［訳］　│　205

Chapter 4.
「世の中」の変化を予測する

No. 32　限界費用ゼロ社会
ジェレミー・リフキン［著］　柴田裕之［訳］　｜213

No. 33　〈インターネット〉の次に来るもの
ケヴィン・ケリー［著］　服部桂［訳］　｜219

No. 34　プラットフォームの経済学
アンドリュー・マカフィー／エリック・ブリニョルフソン［著］　村井章子［訳］　｜225

No. 35　スーパーインテリジェンス
ニック・ボストロム［著］　倉骨彰［訳］　｜231

あとがき　｜237

本の読み方・使い方

　私は仕事柄、人より多くの本を読むこともあって、「どうやって読んでいるんですか?」と聞かれる機会がよくあります。今まで読書に関して受けた質問の大半は、「なかなか本を読むスピードが上がらない」といった、読む速度にかかわるものです。

　私はいわゆる「速読技術」を持っているわけではないので、読むスピードを上げることに関してダイレクトにお教えできるようなものはありません。しかし、もし読書を「仕事をより良くする術」と考えるならば、速読の技術などよりもっと大切なことがあると思っています。それは、本の「読み方」だけでなく、それ以外の読書プロセスも含めて見直していく、ということです。

　私はそのプロセスを「4階層ピラミッド」と名づけています。具体的には、「広げる」「読む」「残す」「変換する」の4階層です。ひとつずつ見ていきましょう。

読書の第1階層

　まず大事なのは、良質な本の情報が自分にタイムリーに入ってくるように、本の情報に常にアンテナを立てておくことです。

　世の中には毎日のように大量の本が出版されています。もちろん、その中で「自分にとっての良書」はごくわずかでしょう。売れているから良い本だとは限りません。売れ筋本は「マーケティングに優れた中身の薄い本」の可能性もあるからです。読書でムダな時間を過ごさないためにも、できるだけ情報網を広く持ち、自分にフィットしそうな良書の打率を高めることが重要です。

　「行きつけの本屋さんを持つ」ことや、「読書好きの友人、自分と好みがあう友人とSNS上で繋がっておく」ことなどが、分かりやすい第一歩になるでしょう。そのうえで、最近の私のオススメは、「本の要約サービスを活用する」ことです。私が社外アドバイザーを務めているflierという企業が出している要約サービスのアプリがありますが、これは毎日一冊、ビジネス書の要約を提供しているものです。テキストの音声読み上げもあるので、私は移動時間中にこのアプリの音声を聞いて、隙間時間を良書の選書にあてるようにしています。

　いずれにせよ、こういった手段を通じて、常に書籍の裾野を「広げる」ということをしないかぎりは、良書に巡りあえる可能性は低いままでしょう。

読書の第2階層

読む

　本の読み方については多くの「読書本」が出ていますし、いろいろな流儀があると思います。私はそういった読書本を網羅したわけではないので既にどこかの本で書かれていることかもしれませんが、ひとまず私自身がビジネス書をどう読んでいるかをお伝えしておきましょう。

　私はまず「本の構造」を理解することに努めます。構造とは、「この本で言いたい本題は何か?」「それはどういうロジックで支えられているのか?」ということです。本書ではイラストで要約をしていますが、これは本の構造をつかまないと描くことができません。

　たとえば本書で紹介する『スーパーインテリジェンス』や『サピエンス全史』『銃・病原菌・鉄』のように、数冊、数百ページに亘る超大作がありますが、このような本を1ページ目から読んでしまえば、いくら読書好きな人でも、たいていは途中で挫折して終わるでしょう。良いメッセージが書かれているのに、その本題まで届かずに力尽きてしまうのはもったいないことです。

　したがって、まずは、「この本で何が言いたいのか」という本題を真っ先に確認すること。といっても、それほど難しく考えなくて結構です。

　たとえば、先ほど例示した『スーパーインテリジェンス』であれば、「AIが進化してスーパーインテリジェンスと呼ばれるものになったら、コントロール問題が浮上する」といった感じです。そうした本題そのものは、「あとが

き」を読めばたいていは理解できますので、そんなに難しいことではありません。

　ただ、ちょっと難易度が高いのが、「それを支えているロジックの構成」を把握することです。そこで書籍を支える「3つくらいの大きな柱」を明確にすることができれば、もう本を読み切ったことと同じです。たとえば『サピエンス全史』であれば、「認知革命」「農業革命」「科学革命」の3つの柱を用意しています。この3つの柱を通じて、ヒトの進化の過程を伝えたいんだな、といったイメージです。こういった構造を最初に描いておけば、読書中に迷子になることはありません。

　そうして本題やロジックの構成を理解する中で、「本の深さ」とか「自分にとっての意味」がだいたい見えてきます。そこで「あ、これは浅いな」とか「これは今読むべきではないかも」と思ったら、その場でその本から離れてもいいでしょう。

　多くの人は、「お金がもったいないので、意地でも読み切る」というスタンスで無駄な読書時間を過ごしがちですが、書籍の金額よりも読書時間のほうがもったいないのは言うまでもありません。どれだけ打率を高めようと思っても、やはり「合わない本」というのは出てきてしまうものです。そういうときは「サクッとあきらめる」ことが大事です（私も、自分のKindle内は途中まで読んだ書籍で死屍累々です）。

読書の第 3 階層

「本当の読書は読んだ後に始まる」というのが、私の持論です。
　さて突然ですが、皆さんに質問です。最近直近で読んで良かったビジネス書を一冊思い出してください。……何か頭に浮かびましたか？
　そして、次の質問。その本の内容を分かりやすく語ってください。
　さて、しっかり語ることができたでしょうか。実は多くの人が、「読んだ」という事実は語りますが、「読んだ内容」をまともに語ることはできません。なぜならば、「読みっぱなし」になってしまっているからです。よっぽどの記憶力がなければ忘れてしまいますよね。そうして、読書に費やした尊い時間が無駄になっていくのです。
　もちろん「趣味としての読書」だったら、それでもいいでしょう。読んでいるときに面白ければそれでいいのですから。でも、「実務に少しでも活用したいという目的意識を持った読書」なのであれば、その読み方ではダメです。読書後にひと頑張りして、ちゃんと「残す」工夫をしましょう。
　たとえば、私がやっていることは、Kindleで読書した場合、マーキングをした箇所をデジタルテキストで引っ張ってきて、Evernoteに転記（コピペ）しておきます。こうしておくだけで、後からキーワード検索などの引用が可能になります。
　そして、本当に大事な本は、この書籍にあるようにイラストにまとめてお

いて、しっかり脳みそに残すようにします。「まえがき」でも書いたとおり、このイラストは、そのための手段でした。書籍にするのが目的では決してなく、「自分の脳内にしっかり残す」ということが最大の目的だったのです。

　もちろん、イラスト化というのは私の脳みそに残りやすい行為なのでそうしただけであって、そのやり方は人それぞれで良いと思います。ブログやSNSに残す、という手段もあるでしょうし、手書きのメモというやり方がしっくりくる人もいるでしょう。いずれにせよ、「脳みそに刻み込む」つもりで、「残す」ための時間と労力を惜しんではいけません。

読書の第4階層　変換する

　ここまで紹介してきたのは、書籍の内容を記憶に残す方法です。しかし、書籍の内容はあくまでも他人の知恵。借り物にすぎません。大事なのは、その他人様の知恵を「自分だけのオリジナルの知恵」に変換していくことです。そのために不可欠なのが、「実践」と「対話」です。

　実践というのは、実生活で使うということです。この書籍においても、いろいろな実践的な知恵が紹介されていますが、それを頭で理解するだけでなく、自分の身の回りの場面においてまず試してみましょう。そうすると、理

屈どおりにうまくいくこともあれば、そううまくはいかないこともあることに気づきます。そこからが「変換」です。「自分がこの本の知恵を使うためには、どうすればいいのか?」を考えてみましょう。おそらくそこから、「自分なりの原則」が新たに見えてきます。

　そして、もうひとつの手段が「対話」です。本の内容を踏まえて、仲間と読書会をしてみるのも、知恵を「変換」するための大事な行為です。

　読書会で大事なのは、自分の理解を語り合いながら、「素朴な問い」に対して自分なりの答えを出すことです。「この本にはこうしろって書いてあるけど、特にどんなときにこうすることが必要なんでしょうか?」みたいな素朴な問いかけを受けると、思考がそこから急速に回転しはじめます。

　「うーん、たしかに自分の日常を考えると難しいなぁ。だとすればどうしたらいいんだろう?」

　そうして自分なりの答えを考える過程で、「自分だけのオリジナルの知恵」に変換されていくわけです。

　冒頭に書いたとおり、書籍を実践的に活用しようと思ったら、「読む」という行為だけに着目してはダメです。選書から活用まで、階層ごとに自分の行動を変えていかなければ、良い読書ライフを送ることはできません。本書で紹介している名著をもし手に取ることがあれば、ぜひこの4階層をヒントにしながら読書を楽しんでいただけると嬉しいです。

"4段階ピラミッド"で考える本の読み方・使い方

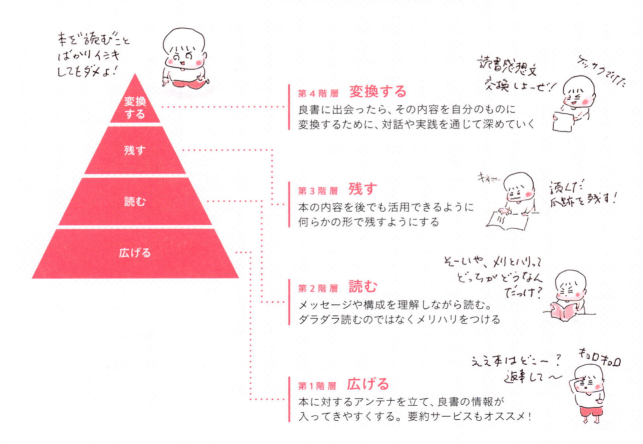

Chapter 1.

「個人」の生き方を考える

これからの生き方やキャリアについて考える

1　2　3　4　5

ビジネスパーソンとしての在り方を学ぶ

6　7　8　9　10

1　LIFE SHIFT（ライフ・シフト）／　2　隷属なき道／　3　働くひとのためのキャリア・デザイン／　4　ティール組織／　5　イノベーション・オブ・ライフ
6　リーダーシップの旅／　7　U理論／　8　なぜ人と組織は変われないのか／　9　やり抜く力／　10　夜と霧【新版】

№. 1

LIFE SHIFT（ライフ・シフト）
100年時代の人生戦略

今さら言うまでもないほどのベストセラー。今までは40歳までにひとつの領域を極めて、あとはマネジメントの世界に入り55歳ポストオフ、60歳定年、65歳まで再雇用、65歳からは老後…みたいな人生設計が主流だったが、その前提は、もうおしまい！　という、みんながうっすらと気づいていた不都合な真実をつきつけた。

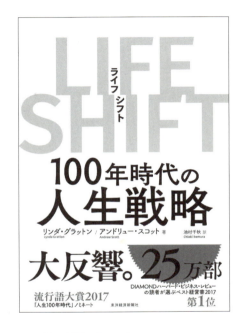

リンダ・グラットン／
アンドリュー・スコット［著］　池村千秋［訳］
2016年　東洋経済新報社

この本の大事なポイント3つ

長いマラソンだから たまには 寄り道も 必要だね

ゼーゼー

POINT 1
これからは100歳まで健康に生きる

POINT 2
100年時代に必要な「無形資産」とは？

POINT 3
100歳から今の自分を見つめる視点を持つ

ゴール 40km先に のばしました

マジ？

POINT **1** | # これからは100歳まで健康に生きる

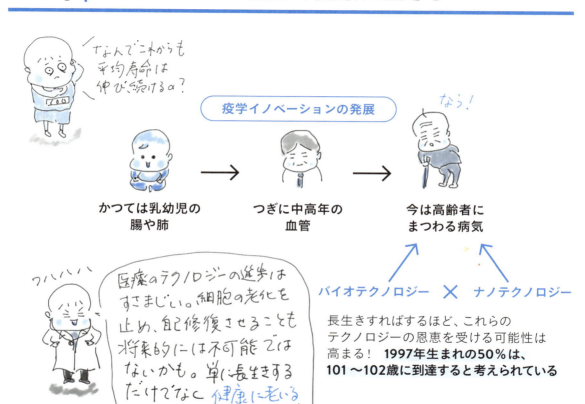

POINT 2 | 100年時代に必要な「無形資産」とは？

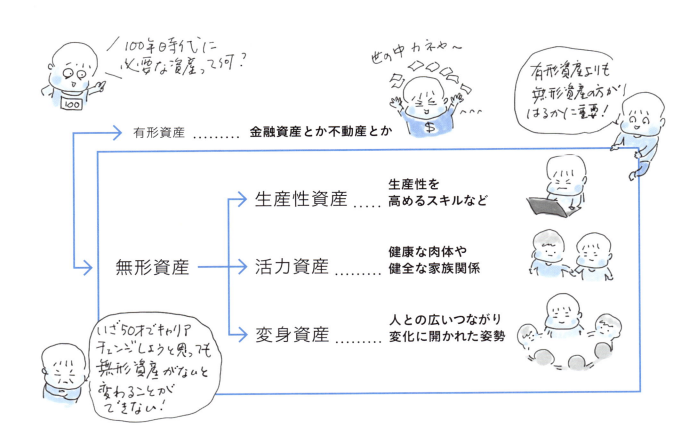

POINT 3 100歳から今の自分を見つめる視点を持つ

キャリアを考える重要な問い

20歳の過去の自分

今、人生の選択に直面する自分

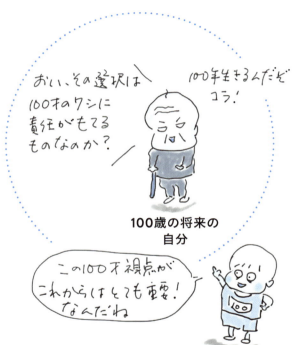

100歳の将来の自分

"これは単なる頭の体操ではない。
長寿化という現象の核心をつくものなのだ。
人生が長くなり、多くの移行を経験する時代には、
**人生全体を貫く要素が何かを意識的に
問わなくてはならない**"

Pick Up Point

押さえておきたいこの一節

『本書では、時間を逆さにして、あなたに同様の問いを投げかけたい。20歳の自分がいまの自分をどう見るかではなく、70歳、80歳、100歳になった自分がいまの自分をどう見るかを考えてほしい。いまあなたがくだそうとしている決断は、未来の自分の厳しい評価に耐えられるだろうか？これは単なる頭の体操ではない。この問いこそ、長寿化という現象の核心を突くものなのだ』

（序章より）

　この一節は、本書を読み終わり、本を閉じてリフレクション（内省）をしたときに真っ先に頭の中に浮かんだものです。
　私がこの一節を印象的と感じたのにはひとつの理由があります。

　かつて私が留学していた先で、ジョンという教員に自分の人生やキャリアのことを相談したときのことです。当時の私には3つの具体的な選択肢があり、それぞれに一長一短があって答えが出せない状態でした。それに対する彼の答えはこうでした。
「ヒロ、今日はお前の80歳の誕生日だとしよう。お前はそこまでとてもハッピーな人生を過ごせたと思っている。お前は誰と一緒にいる？その日までにお前はどんなことをしてきた？」
　私の思考は、80歳の自分に飛んでいきました。
「さて、そのハッピーなお前に続いている道は、その3つのうちのどれなんだ？」
　この問いかけを受けた瞬間、その悩みは一瞬で解消されました。長期的な視点で考えれば答えは明確だったからです。

　この書籍には「未来の自分との対話」という言葉が頻出しますが、あの日以来、私は壁にぶつかるたびに「未来の自分との対話」を心がけるようにしていることに、本書を読んで気づきました。
　もし今、みなさんがキャリア上の悩みを抱えているとしたら、自分にこう問いかけてみてください。
「その決断は、100歳のハッピーな自分に近づく道なのか？」

No. 2

隷属なき道
AIとの競争に勝つ
ベーシックインカムと一日三時間労働

2014年にオランダで自費出版された本が
話題を呼び、一気に世界的なベストセラーに！
（著者なんと29歳！）

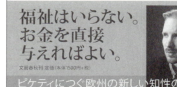

ルトガー・ブレグマン［著］　**野中香方子**［訳］
2017年　文藝春秋

この本の大事なポイント3つ

BIをしっかり理解しよう!

POINT 1
貧困こそが、解決すべき最大のイシューである

POINT 2
格差拡大は構造化されている

POINT 3
ベーシックインカムの効果は実証されている

スゲー29才だよな!

ベーシックインカムを中心にAI、労働短縮、グローバリゼーションなど多くのキーワードの関連が分かる。

POINT 1 ｜ 貧困こそが、解決すべき最大のイシューである

超短期的で差し迫った
「不足」に意識が集中する。
「長期的に大切なこと」は
全く視野に入らない

つまり

怠ける → 貧しい

という単純な因果ではなく、

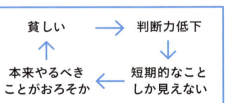

この「欠えの心理状態」に陥ると、IQが 13〜14ポイント下落することと等しくなる！

このサイクルを打ちきることが大事！

というサイクルが回ってしまっているのだ。

POINT 2 | **格差拡大は構造化されている**

かつて　　　　　　　　　やがて

A国A社　B国B社　C国C社　　　　A国A社

それぞれの国の間の輸送負荷（＝物量コスト）が高かったため、各国にメーカーが**分散**

道路が整い物流効率が高くなったため、物流コストが低下。結果的に最優秀企業だけが生き残り、巨大化・**寡占化**する

A社以外の人たちは失業へ

このような**「マイナーリーグの退場処分」**は、**AIの登場**によって更に加速する。富める人は**より少数で強力**となり、格差は更に広がっていくだろう

超高度な技術を要する仕事とそうでない仕事の差は広がり、**「中間」**が徐々に減りつつある

POINT 3 ベーシックインカムの効果は実証されている

1964年 アメリカ	：	8,500人にフリーマネー ▶ 労働時間減少はわずか
1973年 カナダドーフィン	：	1,000万世帯にフリーマネー ▶ 入院期間が8.5％減 etc.
2008年 ウガンダ	：	1万2千人に400ドルのフリーマネー ▶ 収入が50％アップ、 雇用率が60％アップ
2009年 ロンドン	：	ホームレス13人に 3,000ポッドのフリーマネー ▶ 7人がホームレスを自力脱出

わかったこと
- ☑ もらったお金は浪費されない 必需品に使われる
- ☑ 犯罪率減少につながる
- ☑ 成績の向上につながる
- ☑ 健康にもプラスに作用する
- ☑ どの福祉策より安く効率的だ

2016年5月のスイスのベーシックインカムの国民投票によって、議論はスタートしたのだ！

「フリーマネーは人を怠け者にする」というのは幻想

Pick Up Point

押さえておきたいこの一節

『人が語る常識に流されてはいけない。世界を変えたいのであれば、わたしたちは非現実的で、無分別で、とんでもない存在になる必要がある。思い出そう。かつて、奴隷制度の廃止、女性の選挙権、同性婚の容認を求めた人々が狂人と見なされたことを。だがそれは、彼らが正しかったことを歴史が証明するまでの話だった』

(終章より)

　ベーシックインカムというアイデアは、現状の世の中で考えると確かにあまり現実味がないかもしれません。私自身、著者の説得力あるロジックを読んだうえでも、どこか遠くの世界の話としか思えず、日本でベーシックインカムが展開されている状況はまだリアリティを持って想像することができません。多くの人にとっては、「来年の給料がどうなるのか」のほうが重要なのです。

　しかし一方で、「今のシステムでは早晩限界がくる」と多くの人が感じているのも事実でしょう。特に本書のひとつのイシューである「福祉」においては、切実な問題が顕在化しています。1年単位で考えた際にはリアリティが持てないとしても、5年、10年くらい先の日本の姿を見通したとき、どこかで抜本的な改革をしなくてはならないということは理解できるはずです。

　では、ビジネスの現場にいる私たちは何をすべきなのでしょうか？ひとつ確実にいえるのは、「色眼鏡をかけずに、客観的な視点を持ちながら真摯に勉強すべき」ということでしょう。

　「ベーシックインカム」という言葉で検索すれば、今や多くのページにヒットします。賛成派も反対派も、もっともらしい意見ばかりのように見えて、正しい実験や研究に立脚した意見は、実のところとても少ないのが現実です。

　私たちは「ノイズ」に惑わされることなく、骨太な意見を吸収すべきです。この本はその入り口の一冊になると思います。まずは予見なく、この世界をのぞいてみてはいかがでしょうか。

No. 3

働くひとのための
キャリア・デザイン

志とかキャリアプランとか聞くと
悲鳴をあげたくなっちゃう人もいるはず。
そんな人に「今はドリフト期間なんだから
楽しめばいい」とやさしく語りかけてくれる本。
もちろんドリフトしていればいいという話ではなく、
本質はドリフトとデザインのバランスだということだ。

金井壽宏 [著]

2002年　PHP研究所

※2018年現在、絶版（電子書籍あり）

この本の大事なポイント3つ

ドリフトしようぜ!

POINT 1

キャリアトランジションモデルって何？

POINT 2

キャリアをデザインするための
3つの問いとは？

POINT 3

キャリアを「ドリフト」しよう

本そのものは、エッセイ集かの
ように食いちらかした感のあるテイストなんだけど、
その中にある「キャリアトランジションモデル」という
フレームワークはとても腹打感ある。

あっ.今
腹に入た!

POINT 1 キャリアトランジションモデルって何？

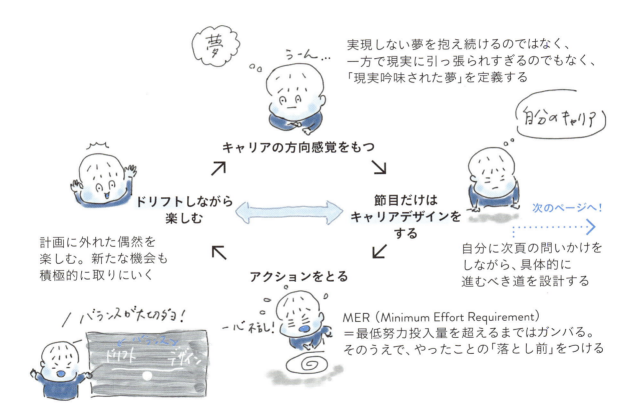

実現しない夢を抱え続けるのではなく、一方で現実に引っ張られすぎるのでもなく、「現実吟味された夢」を定義する

キャリアの方向感覚をもつ

ドリフトしながら楽しむ

計画に外れた偶然を楽しむ。新たな機会も積極的に取りにいく

節目だけはキャリアデザインをする

次のページへ！

自分に次頁の問いかけをしながら、具体的に進むべき道を設計する

アクションをとる

MER（Minimum Effort Requirement）＝最低努力投入量を超えるまではガンバる。そのうえで、やったことの「落とし前」をつける

POINT 2 キャリアをデザインするための3つの問いとは？

節目で何を問いかけるべきか？

E. シャイン
（想像図）

M. アーサー
（想像図）

E. シャインの3つの問い

① 自分は何が得意か？
　（能力、才能の自己イメージ）

② 自分はいったい何をやりたいのか？
　（動機、欲求の自己イメージ）

③ どのようなことに意味や
　定義を感じるのか？
　（意味、価値の自己イメージ）

M. アーサーの3つの問い

① 自分ならではの強みはどこか？
　（Know-How を知る）

② 自分があることをしたいとき、
　それをしたいのはなぜか？
　（Know-Why を知る）

③ 自分はこれまで誰とつながり、
　その関係をどのように
　生かしてきたか？
　（Know-Whom を知る）

マメ知識

余談だけど、この3つは
グロービスの「能力」「志」
「人的ネットワーク」と
全く一緒だよ

POINT 3 キャリアを「ドリフト」しよう

ドリフトとは何か？

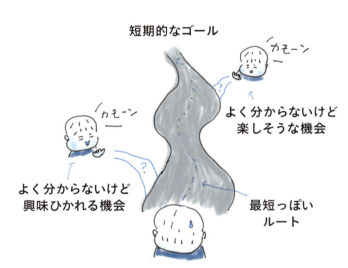

ドリフトとは「デザイン」の対極の概念。
あえて道を外れて、偶然の機会に
自ら巻き込まれにいくことを言う

ドリフトの効果は何か？

① ドリフトしないと息がつまる

② ドリフトの先に道が拓ける

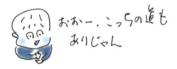

③ ドリフトがあるからデザインが生きる

Pick Up Point

押さえておきたいこの一節

『いいものに出会い、偶然を生かす（掘り出し物＝serendipityを楽しむ）には、むしろすべてをデザインしきらないほうがいい。ドリフトしてもいいというより、節目以外はドリフトすべきだといってもいい。ひとは、自分で選ぶと、ある範囲内から、行動プランを選んでしまう』

（第3章より）

　何を隠そう私自身、このキャリアデザインとドリフトを忠実に意識しながら道を歩んできた一人です。
　たとえば私が今書いているこの書籍は、完全にドリフトの過程で、さまざまな偶然が重なって出来上がった一冊です。
　このような書籍を出版することをあらかじめ目指し、計画に計画を重ねた結果の一冊だといえば格好いいかもしれません。しかし実際には、「今は仕事も趣味も関係なく、多くのことにチャレンジする時期だ」と、いろいろなことに首を突っ込んでいったなかで、たまたま（?）この本が生まれたというのが本当のところ。この本は言ってしまえば、ドリフトの結果の「掘り出し物」なのです。
　しかし、この書籍の出版を足がかりにして、次のステージではもう少し意図的に、新たな生き方の方向性を「デザイン」することが可能になると思います。

　キャリアを考える際、「すべてを計画的に考えるべき」というのと「なるようにしかならない」という、一見真逆の意見があります。おそらくどちらが正解ということはなく、デザインとドリフトのバランスをとる、すなわち、時として意図をもって仕掛けていき、時として流れに身を任せることが必要なのではないでしょうか。

　「自分が今どこに向かっているのか分からず、とても不安」
　そう思っている人がいたら、「今はドリフトのタイミング」と割り切って、思う存分楽しんでしまうのがいいかもしれません。

No. 4

ティール組織
マネジメントの常識を覆す次世代型組織の出現

組織のあり方そのものが革新的すぎて、「理解不能」「単なる理想論」という話もある本書。しかし、外部環境の変化から考えるならば、こういう組織のあり方は多くの業界において必然的だと考える。既存のパラダイムのまま「できるかどうか」を考えるのではなく、なぜこういうあり方に注目が集まっているのかから考えたい。

フレデリック・ラルー［著］　鈴木立哉［訳］
2018年　英治出版

この本の大事なポイント3つ

POINT 1
組織のあり方は
レッドからティールへ

POINT 2
ティール組織のための
3つのブレイクスルー

POINT 3
ティール組織化するための条件とは？

マッタク
ムリ
デスネ！

旧パラダイム脳

POINT 1 組織のあり方はレッドからティールへ

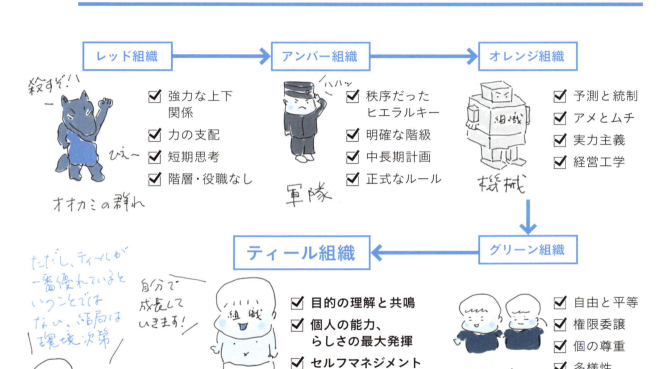

POINT 2 ティール組織のための3つのブレークスルー

その1
自主経営
（セルフマネジメント）

誰かの指示を受けることなく、**課題に気づいた人が、**適切な人と連携して意思決定、実行していく

その2
全体性
（ホールネス）

組織の期待値に合わせた振るまいをするのではなく、**自分の内面を出し、自分らしく行動する**ことを促す

その3
存在目的

利益や成長にコミットするのではなく、**自分たちの組織がなぜ存在しているのか？どうなりたいのか？**という声に耳を傾け、コミットする

オレンジ組織のパラダイムで考えると理解不能！

POINT 3　ティール組織化するための条件とは？

条件その1

経営トップとオーナーが**オレンジ組織**のパラダイムでティールを考えている限りは**絶対に成功しない**

もしあなたがミドルリーダーの立場で変革を考えているなら…

条件その2

なぜならば、「組織の意識はリーダーの意識レベルを超えられない」からだ。
そして、もしティール化を推進するのであれば、「自主経営」「全体性」「存在目的」のうち、**順番を決めて導入したほうがいい**

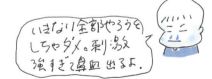

Pick Up Point

押さえておきたいこの一節

『結局のところ、大きな阻害要因となるのは「恐れ」なのだ。組織が暗黙の恐れに立脚しているのではなく、信頼と責任を育てる構造と慣行の上に成り立っていると、驚くほど素晴らしい、予想もしないことが起こりはじめる』

（第2章より）

「言いたいことはわかるが、理想論に過ぎるのではないか」

本書を最初に読んだときの私の印象です。実際に周囲を見渡しても、このモデルに移行できる企業があるとは思えませんでした。

しかし間もなく、このティール組織に近いことを実際に運用している起業家に立て続けにお会いする機会に恵まれ、本書に対する印象が大きく変わりました。「この書籍の内容は、人に対するパラダイムさえ変えれば、リアリティがあるのかもしれない」と。

それはすなわち、この一節にあるように、人に対する「恐れ」ではなく「信頼と責任」に立脚した組織に変えるということです。

もちろん、単に「お人好しであれ」ということではありません。裏側には徹底的な人間理解が必須になります。信じきれる仲間かどうか、そのギリギリの選球眼が求められます。しかしひとたび互いに認め合うことができれば、徹底的にその人「らしさ」を尊重し合い、任せ合うことができるようになります。結果として、あなたが思い描いていた方向に組織は進まないかもしれません。しかし、組織は生き物。そういうものなのです。

「あり得ない」「胡散臭い」。当初の私のように、そんな感想を本書に持つ方もいるでしょう。たとえば株主などの大きなプレッシャーと向き合う組織の経営者などはそう思われるかもしれません。

そこで「何が正解か」という議論は不毛です。ただ、パラダイムという川を越えたところに、こういうあり方を真剣に考え、歩みを進めている組織があるということを知っておくだけでも、意味はあるでしょう。

№ 5

イノベーション・オブ・ライフ

ハーバード・ビジネススクールを
巣立つ君たちへ

『イノベーションのジレンマ』や『ジョブ理論』でお馴染みの
クリステンセン師匠の人生論。ハーバードの同期が
卒業後にどんどん不幸になっていく姿を観て、
「私たちは幸せの大切な原則を見失っているのではないか？」
「その原則は経営理論の中にあるのではないか？」
と考え、まとめられた書籍。師匠の人間性がとても良く
伝わり、自分もかくありたいと思わせる一冊。

クレイトン・M・クリステンセン／
ジェームズ・アルワース＋
カレン・ディロン［著］　櫻井祐子［訳］
2012年　翔泳社

この本の大事なポイント3つ

POINT 1

自分の「動機づけ要因」に
リソースを投下しているか？

POINT 2

大切な人の「片づけるべき
ジョブ」を理解しているか？

POINT 3

自分の子どもの「カリキュラム
マップ」をつくっているか？

How will you measure your life?
↑
原題の方が伝わりやすい

POINT 1 　自分の「動機づけ要因」にリソースを投下しているか？

```
[ 経営のセオリー ] ───────▶ [ 人生への示唆 ]
```

「ハーズバーグの動機づけ理論」

▶ 人のモチベーション要因には
　2種類が存在する

　衛生要因
　少しでも欠ければ"不満"に
　つながるもの
　（ステータス、報酬、職場環境など）

　動機付け要因
　自分の内面の欲求を満たし、
　"満足感"につながるもの
　（やりがい、使命感、自己成長、愛情）

▶ 企業は、衛生要因をある程度満たしつつ
　動機づけ要因にも着目しなければならない

**「我々は分かりやすい衛生要因
だけを追求して、動機づけ要因を
おろそかにしていないだろうか？」**

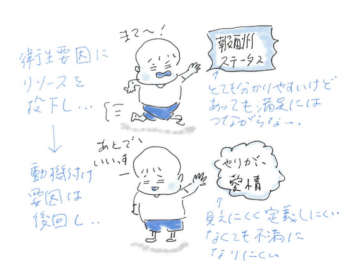

POINT 2　大切な人の「片づけるべきジョブ」を理解しているか？

```
┌─経営のセオリー─┐ ━━━━━━▶ ┌─人生への示唆─┐
```

「ジョブ理論」
全ての商品やサービスは、
顧客の「片づけるべき用事」（＝ジョブ）を
こなすために雇われる

「自分はパートナーの
どのようなジョブを片づけるために
雇われているのだろうか？」

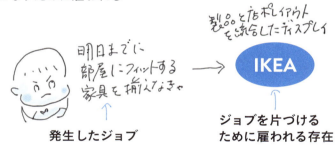

発生したジョブ　　ジョブを片づける
　　　　　　　　　ために雇われる存在

共感してもらって　　ジョブ不在の
安心したいという　　ソリューション
ジョブ

▶ 我々は往々にして、「商品やサービスありき」で
　考えてしまい、顧客のジョブを忘れがちだ。
　ジョブを見失った商品が成功することはない

"お互いに対して最も誠実な夫婦とは
**お互いが片づけなくてはならないジョブ
を理解した2人**であり、その仕事を確実に
片づけている2人であると分かる"

POINT 3 自分の子どもの「カリキュラムマップ」をつくっているか？

経営のセオリー → 人生への示唆

「経験の学校」

「我々は自分の子どもに、経験の学校において履修すべきカリキュラムを設計しているだろうか？」

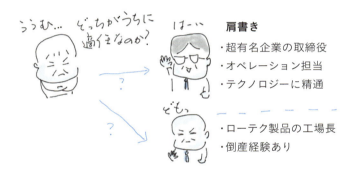

肩書き
・超有名企業の取締役
・オペレーション担当
・テクノロジーに精通

・ローテク製品の工場長
・倒産経験あり

カリキュラムマップ

「自分の人生の決め方」

「遠回りしてもズルしない生き方」

「自分の意見を正しく、誤解なく伝えるコミュニケーション法」

▶ 人を判断するときに大切なのは、
表に書かれた経験を見ることではない。
その裏側に隠れた
「経験の学校でどんな講座の単位を持っているのか？」
（経験から何を学んできたのか？）
ということが何より重要なのだ

長い人生で大切なのは、
成績表だけではない！
どれだけ人生で必要な
講座の単位をとれたか、なのだ

Pick Up Point

押さえておきたいこの一節

『戦略は——企業戦略であれ人生の戦略であれ——時間や労力、お金をどのように費やすかという、日々の無数の決定をとおして生み出される。あなたは一瞬一瞬の時間の過ごし方や、労力とお金の費やし方に関わる一つひとつの決定をとおして、自分にとって本当に大切なのはこういうことだと、公に宣言しているのだ』

（第1部第4講より）

「私たちの人生は戦略的か？」

「私たちは、貴重な時間やお金を何に使っているのか？」

　クリステンセンは本書を通じて、そう問いかけます。「戦略的」とはすなわち、「中長期的なこと」×「目に見えにくいこと」を考慮して意思決定をする、ということです。

「戦略的」の対極は「反射的」。「短期的なこと」×「目に見えるもの」だけを考えて行動するということです。私たちは反射的に動きがちです。なぜなら、反射的に行動すれば、分かりやすく成果が上がるからです。しかし、その結果、私たちの人生は、長い時間をかけてゆっくりと不幸になっていくのです。

「短期的に正しいことは、長期的な正しさに結びつかない」

　これは、139ページで紹介する『イノベーションのジレンマ』から続く、クリステンセンの重要なメッセージのひとつです。組織だけではなく、私たち個人も、この大いなるジレンマに陥ってはいないでしょうか？　人生を幸せに導くために重要なことを疎かにして、短期的に評価されるようなことばかりにリソースを配分してはいないでしょうか？

　クリステンセンからのこの重い問いかけを、ちょっと腰を据えて考えてみてはどうでしょうか。

No. 6

リーダーシップの旅
見えないものを見る

リーダーは生まれつきのものではない、ましてや
単なる肩書きでもない。旅の結果として人は
リーダーに「なる」のだ！というメッセージの本。
「沼地からの旅」のメタファーは多くの悩める人たち
にとって何かの示唆を与えるものだと思う。
あなたには、人の見えていない何かが見えているだろうか？

野田智義／金井壽宏 [著]
2007年　光文社

この本の大事なポイント3つ

POINT 1

リーダーとしての旅は、「見えないもの」が
見えてしまった、たった1人の決意からはじまる

Lead the self

POINT 2

その中心人物に動かされてフォロワーができたとき、
リーダーは新たなフェーズに入る

Lead the people

POINT 3

「この世界のため」「次世代のため」という想いが
原動力になるタイミングがやがて訪れる

Lead the society

POINT 1 リーダーとしての旅は、「見えないもの」が見えてしまった、たった1人の決意からはじまる
Lead the self

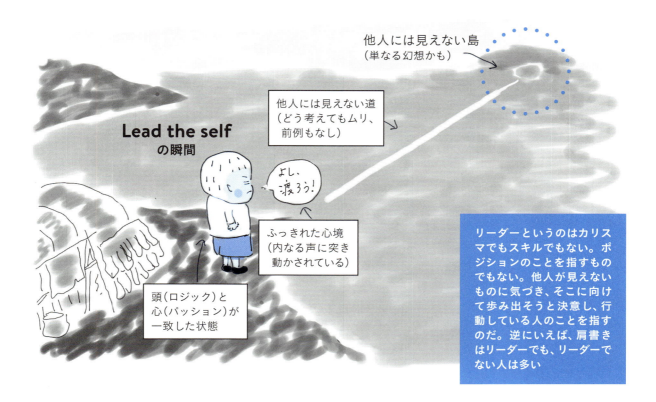

POINT 2 その中心人物に動かされてフォロワーができたとき、リーダーは新たなフェーズに入る

Lead the people

Lead the people
の覚醒

極めてパーソナルな
気持ちだったものが、
フォロワーに対する
責任感へ
▶ **利己から利他へ**

一緒に
つれてって
ください！

まじ？
ついてきた
の？

やがて、主語が
「私」から「私たち」
に変わる
▶ **自分の夢を皆の**
  夢のように語り
  始める

リーダーのエネルギーに
動かされ沼地に入ってくる
フォロワー。**フォロワーとは、**
「自分の頭で考え」
「喜んでついてくる」人
のことである！

リーダーが見ている世界を
一緒に見てみたい！と思う
フォロワーが1人、2人とつい
てくることで組織が生まれ
る。これがリーダーシップ
の旅の第2フェーズである

POINT **3** 「この世界のため」「次世代のため」という想いが原動力になるタイミングがやがて訪れる
Lead the Society

自分の個人的な想いでスタートした旅も、やがては「次世代」というテーマをむかえる。多くのリーダーは、はじめから壮大な想いがあるわけではないのだ

Pick Up Point
押さえておきたいこの一節

『戦略的思考とかコミュニケーションスキルを磨く前に、魅力的な人間であること、リーダーシップはこれに尽きると言ってもいいかもしれない。しかし、人間力をどうやって磨けばよいというのか。(中略)人間力を磨く上で大切なことは、私なりの言葉で言うと、「人の営みに対しての理解と尊敬の念をもつこと」ではないだろうか』

(第4章より)

　大学院や企業研修の現場で「戦略的思考とかコミュニケーションスキル」を教えている私にとって、この一節は大きなインパクトがありました。

　確かに、「人の営みに対しての理解と尊敬の念」がない人が思考法やスキルをいくら学んだところで、かえってマイナスになりかねないというのは、私も実感するところです。

　実はこの一節と同じことが、199ページでご紹介する『自分の小さな「箱」から脱出する方法』にも書かれていました。曰く、「箱から出る前に、他人を動かそうとスキルを使うべきではない」と。

　しかし一方で、いきなり「人間力」といった抽象度の高い概念を持ち出しても、「どうすればそれが身につくのかわからない」「人間力があったとしても、ビジネスや日常でどう活かせばいいのか」などと思われる人もいるでしょう。

　そう考えると、最初は「戦略思考とかコミュニケーションスキル」のような、具体的で身につけやすいスキルを体得しつつ、その過程で、「とはいえ、これがすべてではない」「このスキルを活かすためには、人の営みに対する理解と尊敬の念こそが重要性なのだ」ということを理解していくのが近道なのかもしれません。

　人材教育や部下指導の現場で何らかのスキルを教える立場の人は、そんなことを胸に秘めながら、人の前に立つのがよいのではないでしょうか。

No. 7

U理論［第二版］
過去や偏見にとらわれず、本当に必要な「変化」を生み出す技術

マネジメントの土俵に、宗教的なスピリチュアルな
ニュアンスを織りこんだ画期的な書籍。
それだけに極めて抽象的で難解。
理屈では理解しにくいところがある。

C・オットー・シャーマー ［著］
中土井僚／由佐美加子 ［訳］
2017年　英治出版

この本の大事なポイント3つ

POINT 1

これがU理論の全体像だ！

POINT 2

未来を迎え入れる「プレゼンシング」とは？

POINT 3

学習障害を克服することが
最初の一歩となる

自らの使命感に
気付くためには、
このような
「理屈外の世界」
との出会いは
必要なんだと思う。

もー
脱帽でやんす

訳分からない世界に対して、
ここまで言語化を試みたことに ただ敬意を示したくなる。

POINT 1 これがU理論の全体像だ！

ステップ1　ダウンローディング
既存のモノの
見方で考える

ステップ2　観る
新鮮な目で
見返してみる

ステップ3　感じ取る
客観的、フカン的に
物事を捉え直す

ステップ7　実践
イメージを具体的に
やってみる

ステップ6　プロトタイピング
ビジョンやイメージを
形にする

ステップ5　結晶化
浮かび上がるビジョンを
迎え入れる

ステップ4　プレゼンシング
未来の可能性から
現在を読み解く

U理論　過去や偏見にとらわれず、本当に必要な「変化」を生み出す技術

POINT 2 | 未来を迎え入れる「プレゼンシング」とは？

U理論クン

プレゼンシングとは最高の未来の源からつながり、最高の未来の可能性を今に持ち込むことである

プレゼンシングとは、出現する未来から自己に向き合わせてくれる動きのこと

はっきり言って ???
イミフメイ！
超難解…

おそらく… **プレゼンシングとは、これから為すべき使命のヒントに気づいてしまう瞬間**

その瞬間を起こすためには、「過去」「既知の知識」「ロジック」「狭い自己認識」から自分を解き放たなくてはならない

過去　知識
ロジック　自己認識
解き放つ！

プレゼンシング体験は極めてビミョーで抽象的なもの。そのあいまいな体験と再現方法を言語化したところに大きな価値があるのだ！

POINT **3** 学習障害を克服することが最初の一歩となる

4つの学習障害

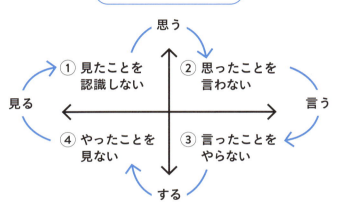

「プレゼンシング」とか言う前に、そもそも「学習障害」を抱えてステップ1（ダウンローディング）で留まってしまっている人が多い。まずは「分離」を克服しよう！

① 見たことを認識しない
（認知と思考の分離）

固定観念が強くて、見たことを勝手に解釈してしまう

② 思ったことを言わない
（思考と発言の分離）

言うことのリスクを考えて、何も言わずに黙ってしまう

③ 言ったことをやらない
（発言と行動の分離）

正しいことは言うが、実行するのが難しくて行動に移さない

④ やったことを見ない
（行動と認知の分離）

やったことの評価が怖くて見ることをしない

Pick Up Point

押さえておきたいこの一節

『最初の開かれた思考はそれまで当たり前のように信じていた仮定を捨て去り、これまではっきり認識してこなかったものに耳を傾け、見ることから始まる。それがあらゆる学びの始まりであり、たとえばビジネスでは、重要な環境変化を読み取る鍵となる』

(序文より)

　難解で有名な本書。イラストでまとめるのもかなり骨が折れました。表現が難解ということもありますが、「そういうことか」とリアリティを持って理解することが難しいということでもあります。

　この一節にもあるとおり、思考を超越し、「感じる」ことが重要であるとシャーマーは言います。しかし、その感覚を具体的に理解することは極めて難解です。

　私なりに解釈するならば、シャーマーが本書で伝えたいメッセージは、「過度に既存のロジックにとらわれ過ぎてはいけない」という警告です。

　ビジネスについて学んだ人は、ややもするとロジックだけで物事を判断しようとします。しかしそれでは、大きなエネルギーを生み出すことはできません。なぜなら、この本の言葉を借りるならば、「未来の可能性を感じ取る」というプロセスを経ていないからです。ロジカルに理解しようとする脳のはたらきをいったんオフにして、真っ白な眼で俯瞰的に世の中を眺め、どうしたいのかを感じるというプロセスが重要なのです。

　この本を読むと、毎日時間の隙間もなく忙しく働いていて、単調な同じことを繰り返しているスケジュールでは、この世界観を理解するのが難しいということが理解できます。

　五感を解放しながら、自己の内面と対話する時間を確保することが大切なんですね。

No. 8

なぜ人と組織は変われないのか
ハーバード流自己変革の理論と実践

「なぜ我々は変わることができないのか？
それは免疫システムが働いているから！」
「その免疫システムを把握せずして、
自己変革も組織変革もあり得ない！」
というメッセージを説いた書籍。

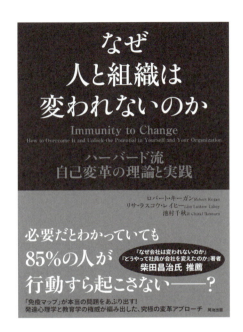

ロバート・キーガン／
リサ・ラスコウ・レイヒー［著］　池村千秋［訳］
2013年　英治出版

この本の大事なポイント3つ

POINT 1
免疫マップで自分を理解せよ

POINT 2
自分を支配する「裏の目標」をあぶり出せ

POINT 3
強力な固定観念を解き明かせ

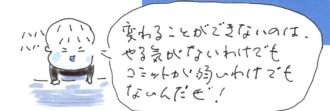

POINT 1 : 免疫マップで自分を理解せよ

よっしゃ

期初の目標

よし！今年は部下にどんどん権限委譲をするぞ！そして部下からの意見をどんどん聞いていこう！

おととい来やがれ！

期中の状態

はい？そんなくだらない提案もってきたの？なんで×××って論点考えないかなぁ

ちっとも権限委譲になってねーよ！

なぜこんな不整合が起きてしまうのか？

その答えは「免疫マップ」を作れば見えてくる！

表には見えないこっちにも光を当ててみようよ。

改善目標	阻害行動	裏の目標	強力な固定観念
・部下に権限委譲する ・部下からの意見に耳を傾ける	・結果的に自分が意思決定する形にしむけている ・話を最後まで関心もって聞かない	・自分のやり方でやりたい ・自分が直接影響を及ぼしていることをたえず実感していたい	・自分以上に能力があり、考え抜いている人はいない

65

POINT 2 自分を支配する「裏の目標」をあぶり出せ

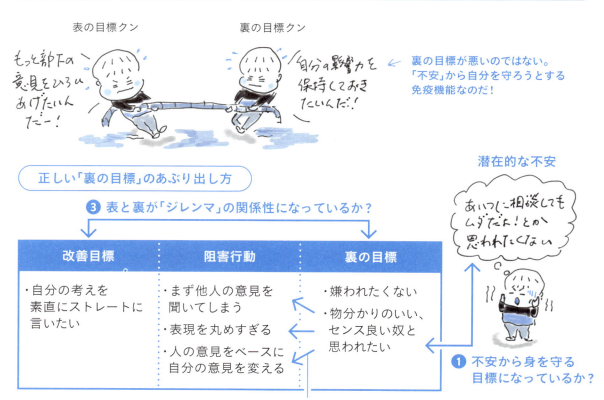

POINT 3 　強力な固定観念を解き明かせ

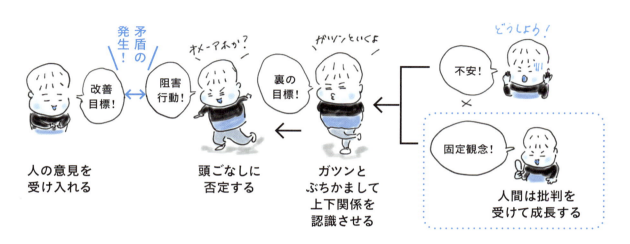

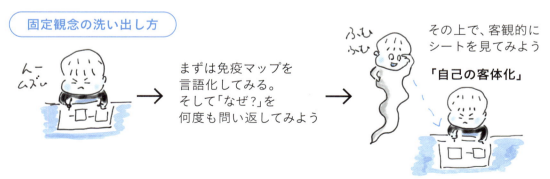

Pick Up Point

押さえておきたいこの一節

『人間の成長とはどういうもので、どのような要因がそれを後押ししたり阻害したりするのか？ この点をもっと深く理解しないかぎり、「リーダーシップ開発」という触れ込みでおこなわれる活動は、「リーダーシップ学習」もしくは「リーダーシップ・トレーニング」にしかならないだろう』

（序章より）

「人間は変われるのか？」

そう聞かれたら、皆さんはどう答えますか？

本書は、「人は変わることができない」というあきらめの感情を持っている人が多数存在することを指摘しながらも、「人間は変わることができる、成長することができる」と力強く言い切ります。そのために不可欠なのが、イラストにもまとめた「免疫マップ」の理解です。免疫マップを通じて人間を深く理解できれば、人は変わることができる、と。

人が成長に向けて動き出さないのは、「表の自分」と「裏の自分」のそれぞれが逆の方向に綱を引き合って均衡しているためであり、決して動いていないわけではない。だからこそ、成長に向けてドライブをかけるためには、プラスの方向に引っ張るだけでなく、マイナスの方向に引っ張ろうとしている「裏側の自分のモチベーション」にも気づく必要があると、ロバート・キーガンは言います。

この「自分の裏側」を丁寧に考えていくと、「人間は単純のようで非常に複雑」ということに気づくはずです。表には出さない様々な側面があって、今の自分ができている。そう考えると、表に見えている面にだけはたらきかけることの不毛さに気づくでしょう。

一人の人間を成長させる、ということは、複雑なシステムで成り立っている人間そのものを根本から変える行為でもあります。ここまでのことを踏まえて人にはたらきかけたとき、ようやく「人は変われる」ことができる。そう考えると、なかなか深い世界ですね。

No. 9

やり抜く力
人生のあらゆる成功を決める「究極の能力」を身につける

成功するためには才能以上に「やり抜く力」が重要だ！ということを示した本。

アンジェラ・ダックワース［著］　**神崎朗子**［訳］
2016年　ダイヤモンド社

この本の大事なポイント3つ

「努力が大事」ってレベルで
この本を理解したら、
得られるものは少ないが
(実際そういう評価が多い)、
どう努力すればいいか?
というヒントこそが
この書籍の重要なとこ。

POINT 1
ピラミッドで目標をマネジメントせよ

POINT 2
「意図的な練習」こそがキモである

POINT 3
子どもの「やり抜く力」は育てられる

実際
成長する人って
こんなこと
確かに
やってんだ

POINT 1 ピラミッドで目標をマネジメントせよ

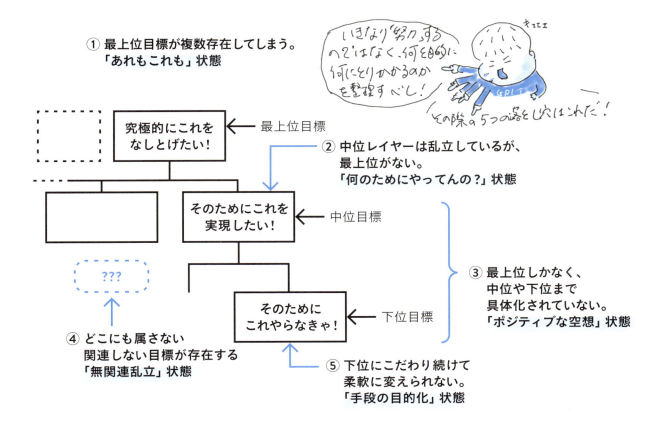

① 最上位目標が複数存在してしまう。
「あれもこれも」状態

いきなり努力するのではなく、何を目的に何にとりかかるのかを整理すべし！
その際の5つの鍵をしっかりインれよ！

究極的にこれをなしとげたい！ ← 最上位目標

② 中位レイヤーは乱立しているが、最上位がない。
「何のためにやってんの?」状態

そのためにこれを実現したい！ ← 中位目標

③ 最上位しかなく、中位や下位まで具体化されていない。
「ポジティブな空想」状態

そのためにこれやらなきゃ！ ← 下位目標

④ どこにも属さない関連しない目標が存在する
「無関連乱立」状態

⑤ 下位にこだわり続けて柔軟に変えられない。
「手段の目的化」状態

POINT 2 「意図的な練習」こそがキモである

よく「1万時間の法則」とか聞くけど、単に長い間やればいいってもんじゃない。「意図」が大事だ!

意図的な練習

① **ある1点に絞って**ストレッチ目標を定める

② **集中**して取りくむ

③ タイムリーに的確な**フィードバック**をもらう

④ **反省**して改良する

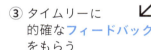

これができるのは、せいぜい1日3〜5時間程度。時間を絞って**毎日習慣化**する

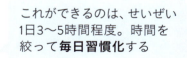

POINT 3 子どもの「やり抜く力」は育てられる

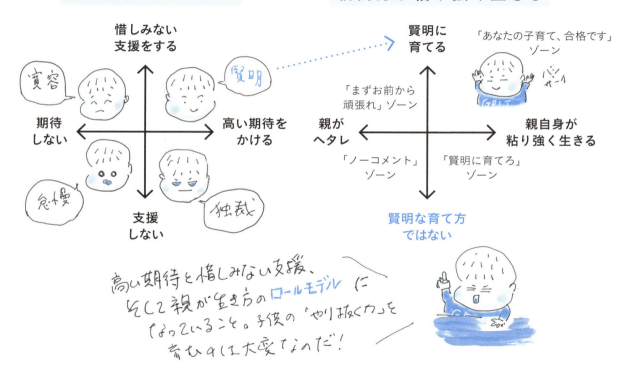

Pick Up Point

押さえておきたいこの一節

『本書を執筆したのは、私たちが人生のマラソンでなにを成し遂げられるかは、まさに「やり抜く力」——長期的な目標に向けた「情熱」と「粘り強さ」——にかかっているからだ。やたらと「才能」にこだわっていると、この単純な真実を見失ってしまう』

（第13章より）

　人生は100歳を超えてもまだ続くかもしれない、超長距離マラソン。それは、誰にとっても等しい現実です。

　まわりの人がビジネスを成功させたり、素敵な相手と幸せそうに結婚したりするのを見て、「あいつには自分にない才能があった」「もともとイケメン（美人）だからいい相手が見つかるんだろう」などと言いたくなる気持ちもわかります。人生が「短距離走」だとしたら、生まれ持った才能などの要因が大きく影響するのも事実でしょう。

　しかし、人生は超長距離のマラソンなのです。今は100メートルの差がついているかもしれませんが、100キロのウルトラマラソンだとすれば、そんな差は誤差の範囲です。

　だとしたら、あなたが今たまたまうまくいっていないとしても、100キロ続く長い先行きを見渡しているつもりで、「今から何をやるべきなのか？」「自分には何ができるだろうか？」といった問いを持つべきでしょう。

　もし『やり抜く力』というタイトルを見て、「自分には関係ないこと」と感じたとしても、澄んだ気持ちで、一度この本を手にとってみれば、おそらく具体的な行動のヒントが20個くらいは見つかるでしょう。

　本書に書かれた内容を実践しはじめるのに、遅すぎるということはないのです。

№.
10

夜と霧【新版】

アウシュビッツからの生還者で心理学者でもある著者が
強制収容所の内部の様子と被収容者の心理状態を
克明に記した、極めて価値のある書籍。極限の人間の
心理とはどうなるものなのか、そして生きることの
意味とは何かということを教えてくれる。

ヴィクトール・E・フランクル［著］
池田香代子［訳］
2002年　みすず書房

この本の大事なポイント3つ

あなたが経験したことは、この世のどんな力も奪えない

POINT 1

精神的自由は誰も奪うことができない

POINT 2

自分を助けた「自己の客観視」というトリック

POINT 3

生きる意味についての「コペルニクス的転換」

背筋がのびる...

ものすごく重たい本なので、気軽には読めないが、2〜3年に一度、人生の袋小路にハマった時に手にとりたい一冊。

POINT 1 精神的自由は誰も奪うことができない

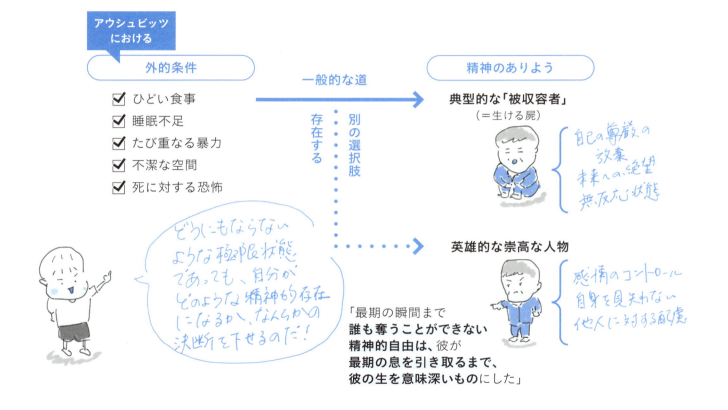

POINT 2　自分を助けた「自己の客観視」というトリック

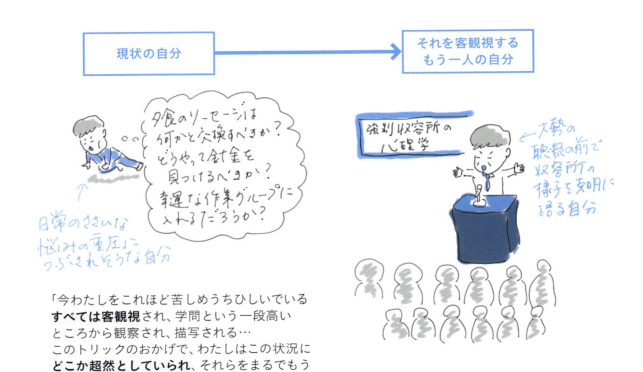

「今わたしをこれほど苦しめうちひしいでいる**すべては客観視**され、学問という一段高いところから観察され、描写される…
このトリックのおかげで、わたしはこの状況に**どこか超然としていられ**、それらをまるでもう**過去のもののように見なす**ことができたのだ」

POINT 3 生きる意味についての「コペルニクス的転換」

| よく考えがちなこと | → | 考えるべきこと |

人生に期待を問う

▶ 期待を持てなくなった時点で絶望してしまう

人生が自分に期待していることを問う

つまり…

「生きることは日々、そして時々刻々、問いかけてくる。私たちはその問いに答えを迫られている。考えこんだり言辞を弄することによってではなく、**ひとえに行動によって、正しい答えは出される。生きるとはつまり、生きることの問いに正しく答える義務を引き受けることに他ならない**」

Pick Up Point

押さえておきたいこの一節

『「人生は歯医者の椅子に坐っているようなものだ。さあこれからが本番だ、と思っているうちに終わってしまう」
これは、こう言い替えられるだろう。
「強制収容所ではたいていの人が、今に見ていろ、わたしの真価を発揮できるときがくる、と信じていた」
けれども現実には、人間の真価は収容所生活でこそ発揮されたのだ』

（第二段階より）

人生における「今」の価値を教えてくれる、重たい一節です。
あえて私たちの身のまわりの事象に当てはめると、こうも言い換えられるでしょう。
『「新しいリーダーシップの知識に刺激を受けました。いつか自分が部下を持ったときに実践したいと思っています」
けれども、その「いつか」は決してこない。今の立場で実践できたものだけが将来使えるものになるのだ』

私は本書で35冊の著名なビジネス書を紹介していますが、その際に意識しているのは、「今、目の前の場面での実践」です。「いつか役に立つかもしれない」という"ありがたい知識"をしまう脳内スペースはあまりありません。
もちろん、書籍を読んで、メッセージをすぐに自分の中に落とし込めないこともあります。それでも、無理にでも自分のシチュエーションに置き換えて、自分なりに咀嚼して理解するようにしています。
自分の身の丈以上の学びを受け取り、自分ごとにまで落とし込んで、その学びを実践してみる――この繰り返しでしか、人は成長できない。私はそう思っています。
「いつか」と考えられるほど私たちの人生は長くないのでしょう。「歯医者の椅子」に座っている時間はあっという間ですから。

Chapter 2.

「人間」の
本質を
理解する

人間の歴史を紐解く

11

12

人間の性質を理解する

13

14

15

16

11 サピエンス全史／ 12 銃・病原菌・鉄／ 13 影響力の武器／ 14 失敗の科学／ 15 選択の科学 コロンビア大学ビジネススクール特別講義／
16 「空気」の研究

No. 11

サピエンス全史（上・下）
文明の構造と人類の幸福

人類を7万年前までさかのぼり、なぜサピエンスが生き残り、そしてどう発展してきたのかを紐とく。特に、サピエンスが起こしてきた3つの革命「認知革命」「農業革命」「科学革命」に焦点をあてたストーリー展開は、目からウロコの連続。我々が日々何気なくやっていることは、全てご先祖様の起こしてきた革命によるものだと思うと感慨深い。

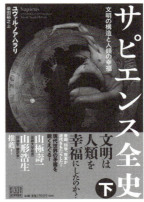

ユヴァル・ノア・ハラリ［著］　柴田裕之［訳］
2016年　河出書房新社

この本の大事なポイント3つ

POINT 1
7万年前にホモ・サピエンスの歴史を始動させた「認知革命」

POINT 2
1万年前に起きた「農業革命」はポジティブなことばかりじゃない

POINT 3
人類を大きく進化させた「科学革命」の仕組み

いろいろ大変でしたね / ご先祖サマへ

それにしても上下巻はヤバひボリューム / ご先祖サマー

POINT 1 　7万年前にホモ・サピエンスの歴史を始動させた「認知革命」

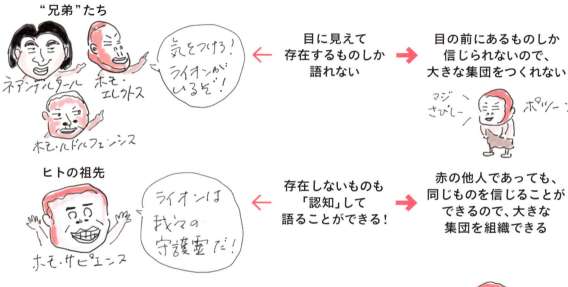

この「虚構をつくる力」がヒトをヒトにしたのだ！

POINT 2 : 1万年前に起きた「農業革命」は
ポジティブなことばかりじゃない

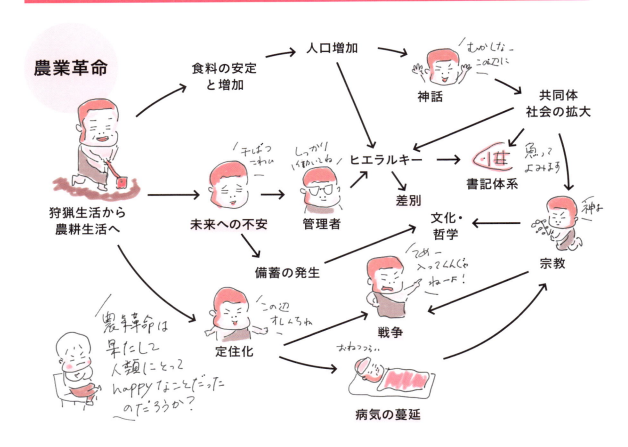

POINT **3** 人類を大きく進化させた「科学革命」の仕組み

近代科学の3つの特徴

進んで無知を認める意志
▶「全てを知ってる」ということではなく、無知や間違いがある、という前提に立つ

観察と数学の中心性
▶ 無知を理解するために観察結果を数学的ツールと結びつける

新しい力の獲得
▶ 新しい知を発見した結果として、また新しいテクノロジー開発を目指す

近代科学を支えたイデオロギー

科学は自らの優先順位を決められない。イデオロギーと結びついた時のみ栄えることができるのだ！

Pick Up Point

押さえておきたいこの一節

『古代エジプトのエリート層同様、たいていの文化のたいていの人は、人生をピラミッドの建設に捧げる。ただし、そうしたピラミッドの名前や形、大きさは文化によって異なる。たとえば、プールと青々とした芝生の庭がある郊外の住宅や、羨望に値するほど見晴らしの良いきらびやかなペントハウスといった形を取ることもある。そもそも私たちにピラミッドを欲しがらせる神話について問う人はほとんどいない』

(第6章より)

ハラリならではのウィットに富んだ一節です。

私たちの欲望というものは結局、自分が心の底から「したい」と思ったつもりであっても、所詮その時代に誰かがつくった神話にコントロールされているに過ぎない。そしてその神話とは、ホモ・サピエンスが固有に持つ「虚構をつくり、信じる」という力によるものである、ということです。

こうして考えると、「マーケティング」という領域は、まさにサピエンス時代から培ってきた「虚構」の力を使ったヒト同士の戦いなのかもしれません。知恵のあるヒトがこの虚構を意図的に発生させ、そしてもう一方のヒトはその虚構を信じて操られる。こうしてヒトはマーケットをつくっていく……。そう考えると、私たちがマーケティングで語る「ニーズ」って何なんだろう？と考えさせられます。

しかし、そんな壮大な時代の流れそのものも、ハラリのつくった「虚構」なのかもしれませんね。

NO. 12

銃・病原菌・鉄（上・下）
一万三〇〇〇年にわたる
人類史の謎

「なぜ白人たちは多くのものを発達させて
ニューギニアに持ち込んだのに、私たち
ニューギニア人は自分たちのものといえるものが
ないんですか？」という現地人の問いかけから
スタートする探究の物語。名著と名高い一冊だが、
上下巻でこのボリューム。文章は読みやすいが
難解な構造。脱落者も多いはず…。

ジャレド・ダイアモンド［著］　倉骨彰［訳］
2012年　草思社

← ニューギニアイ
　 ヤリさん

この本の大事なポイント3つ ジャレドさん

POINT
1

「銃・病原菌・鉄」は
本質的な要因ではない

POINT
2

文明は東西には伝わりやすいが、
南北には伝わりにくい

POINT
3

「競争」があることは
文明進化の一つの条件

うおおお...
オモロいけど
なげー。

POINT 1 「銃・病原菌・鉄」は本質的な要因ではない

なぜヨーロッパ諸国が他大陸を征服できたのか？

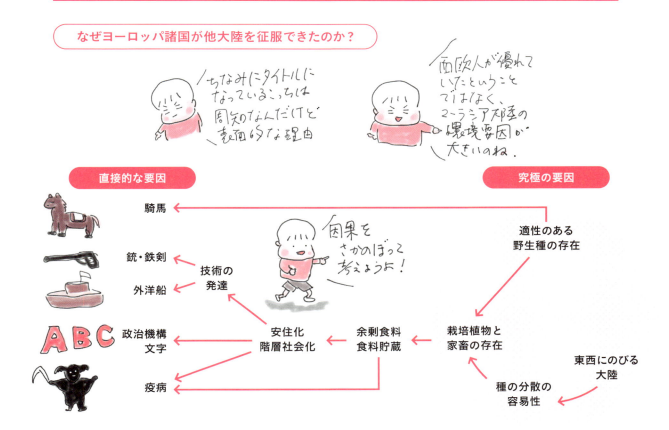

POINT 2 文明は東西に伝わりやすいが、南北には伝わりにくい

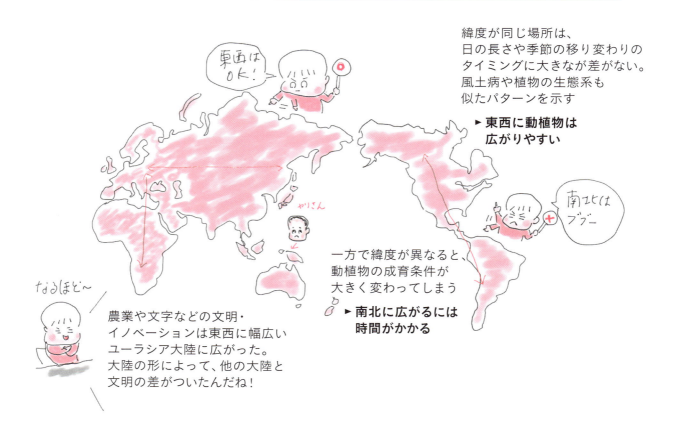

POINT 3 「競争」があることは文明進化の一つの条件

文明の進化 ＝ 文明発祥ポイントからのアクセスの容易さ ✕ 多様性に基づく競争の存在

その土地でイノベーションが起きる必要はない。
よそで起きた新たな発見が「ちゃんとすぐに伝わる」ことが大事

肥沃三日月地帯（メソポタミア等）で起きた文明がヨーロッパで進化し、中国が主導権を握らなかったのは、ヨーロッパが小国同士で競争していたから（中国は統一され、文明をシャットダウンしてしまった）

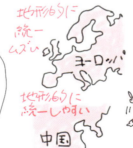

つまり、一つ目の前提は、メソポタミアと同じ大陸（＝ユーラシア）にあるってことだね

むむむ…　でも同じユーラシアにあった中国は、統一しやすかったからこそ、内向的になり、文明の進化が遅れたのか…

ヨーロッパの海岸線は入りくんでいるので、国が分散しやすい。中国は分断されていないので統一支配しやすい

地形的に統一ムズい（ヨーロッパ）
地形的に統一しやすい（中国）

Pick Up Point

押さえておきたいこの一節

『一万三千年にわたる人類史を四百頁(原書)でカバーしようとすれば、一頁あたりに各大陸ののべ150年分の歴史を詰め込む計算になる。となると、省略や簡略化による時間的凝縮はしかたないわけだが、それによる利点もある。異なる地域で起こったことを広い時間的尺度のなかで比較する研究は、同じ社会で起こったことを狭い時間的尺度のなかで掘り下げる研究とは異なった洞察をもたらしてくれるのだ』

（下巻エピローグより）

『サピエンス全史』しかり、本書しかり、書籍単体として見れば読者が怯みそうなくらいのボリューム感ですが、冷静に考えれば、この壮大な歴史のストーリーを思うと、「たったこれだけ？」というコンパクトさでもあります。

ジャレド・ダイヤモンドは、「広い時間的尺度で見るからこそ異なる洞察がある」と言います。この話は、ビジネスを考えるうえでも示唆があります。

つまり、企業の具体的な戦い方について、「狭い時間的尺度」からのみ考えるのではなく、広大な時間の広がりの中で考えることで新たな洞察を得られる、ということです。

たとえば、歴史ある企業の創業からのストーリーを紐解き、そこから根底に流れている共通した行動パターンを分析し、その企業の「らしさ」「DNA」は何かについて言語化してみる、といったようなことです。このようなことは年度ごとの決算や四半期ごとの業績に追われている短期的な視点では気づくことはできません。その一方で企業がこの後の戦い方を占ううえで貴重な示唆を与えてくれるはずです。

本書は人類史を理解するうえで貴重な補助線を与えてくれますが、その研究に対する姿勢は、ビジネスにおいても良いヒントを与えてくれるでしょう。

No.
13

影響力の武器［第三版］
なぜ、人は動かされるのか

人間には見えないスイッチがたくさんある。
そのスイッチが押されると、人は理由もなく
自動的に動き、そしてスイッチを押されている
ことに気づかない。怖いのは、このスイッチは
公開されているということだ。つまり「誰でも使える」。
だからこそ、私たちはこのスイッチについて理解を
深めなくてはならないのだ！

ロバート・B・チャルディーニ［著］
社会行動研究会［訳］
2014年　誠信書房

この本の大事なポイント3つ

POINT 1　「返報性」の仕組みを理解せよ

POINT 2　「コミットメントと一貫性」の恐ろしさを知れ

POINT 3　「希少性」のワナに陥るな

POINT 1 「返報性」の仕組みを理解せよ

返報性とは？

こういった何気ないモノのやりとりでも、何かもらった側は実は大きな**心理的な義務感**を負うことになる。
つまり「**タダより高いモノはない！**」

その特徴

① 見知らぬ人、嫌いな人であっても そういう**人間関係を超えて**作動してしまう

② もらったものがたとえ**自分がほしくないもの**であっても**返報の義務感**を生じさせる

③ もらったもの以上のお返しをさせる**不公平な義務感**を生じさせる

応用テクニック

フェイスインザドア（拒否させた後に譲歩）

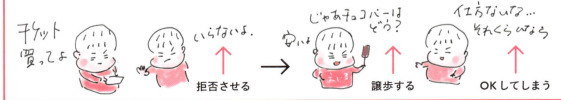

POINT 2 「コミットメントと一貫性」の恐ろしさを知れ

コミットメントと一貫性とは？

たとえよく分からない中で決めたことでも**一度コミットしてしまえば、その決定に思考がしばられる**。つまり、「決めたことは正しい」「自分は合理的だ!」と思い続けてしまう

その特徴

① たとえその決定が**まちがっていても**、その決定に固執してしまう

② たとえその決定が**ささいなものだとしても**その決定に縛られてしまう

③ **公衆の目の前**でコミットしたものは、その効果が持続しやすい

応用テクニック

ローボール・テクニック

まずはコミットを誘い出し、　頭の中で正当化の整理をさせた後、　前提を変えてしまう

POINT 3 「希少性」のワナに陥るな

希少性とは？

まったく同じ商品でも、
少ない方が価値があるように感じてしまう

その特徴

① 希少なものであり、
かつ売切れてしまったものに対して
人は大きな価値を感じる

② 数だけでなく**時間的希少性**
（＝今しか手に入らない）に対しても
人間は価値を見出す

この背景にあるもの

心理的リアクタンス（抵抗）

こんな状況を
本能的に避けたい

▶ **行動してしまう**

Pick Up Point

押さえておきたいこの一節

『急いでいるとき、ストレスを感じているとき、確信が持てないとき、関心が持てないとき、注意がそらされているとき、あるいは疲れているとき、私たちは利用可能な情報にあまり注意を払いません。これらの状況のもとで決定を下すとき、私たちはしばしば「良い証拠が一つでもあればそれで十分」という、原始的ではありますがそうせざるを得ないやり方に逆戻りしてしまうのです』

（第8章より）

「情報過多の時代」といわれる昨今、ネットで検索すればいくらでも情報が出てきます。しっかりとした根拠に基づいた論考も、根拠のない偏った意見も、全て並列で大量に並んでいる——そこで、もしあなたに時間がなかったり疲れていたりしたら、「自分にとってフィットする証拠」をひとつ見つけただけで安心して、「私の考えはこれだ」と決めてしまうかもしれません。私自身、このような「思考停止の意思決定」をしたことが今まで何度もあります。

ではどうすればいいのか？ 答えは簡単ではありませんが、ひとつ言えるのは、「人間は所詮バイアスの塊」と思っておくことです。

組織的にプロセスを踏んだ意思決定がなされていたとしても「所詮はバイアスの塊」、とても思考力に優れていると評判の社長が意思決定をしたとしても「所詮はバイアスの塊」。

どんな組織であれ、どんな人間であれ、落とし穴にはまった意思決定をしてしまう存在である——そう考えて、ときどきは立ち止まって疑うクセをつけること以外にはないのです。

そして「疑う」際に、本書で紹介されている「人間が持つ固有のバイアス」を参照するのは有効でしょう。

もちろん、そんなふうに考えたところで、「所詮はバイアスの塊」なんですけどね。

NO. 14

失敗の科学
失敗から学習する組織、学習できない組織

なぜ人間は同じ失敗を繰り返してしまうのか？
そのメカニズムは何か？
そして、どうすれば自浄作用を働かせることが
できるのか？ということを探る本。

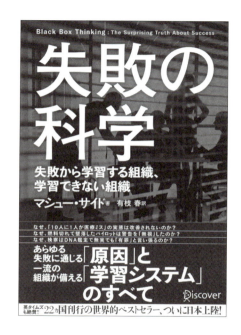

マシュー・サイド [著] **有枝 春** [訳]

2016年　ディスカヴァー・トゥエンティワン

この本の大事なポイント3つ

POINT 1
「認知的不協和」を理解せよ

POINT 2
「世の中は単純」という思い込みが恐い

POINT 3
「反事実」を探れ

POINT 1 「認知的不協和」を理解せよ

信念と事実に矛盾が起きた時感じるストレス
➡「認知的不協和」の発生！

その時、自分の誤りを認めるのではなく、事実の「解釈」により、ストレス状態から自分を解放する

スゲー面倒！

厄介なのは、こいつは「事実を曲げて解釈した」という自覚がないこと！「そういう事があった」として記憶にしまいこまれる。

「あーこういう奴よくいるね」と思ったヤツは要注意！
これは、人間誰もが持つプログラムなのだ！
エリート、上層部ほど注意すべき。

103

POINT 2 「世の中は単純」という思い込みが恐い

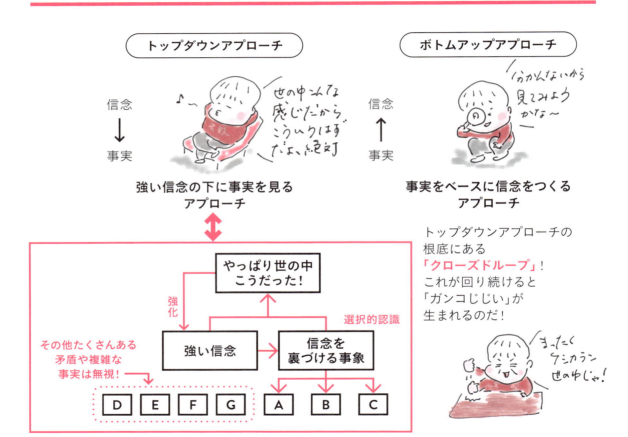

POINT **3** 「反事実」を探れ

あるドリンクを
飲んで…

元気になった！

だからこのドリンクは効く…
と安易に結論づける前に、

他のドリンクは
どうか？

何も飲まなかったら
どうか？

こういう他の可能性（＝反事実）を積極的に見つけ出そうとすることが結果的に事実への近道となる

しかし、気をつけなくてはならないのが、
ストーリーの引力だ。
分かりやすいストーリーの力は絶大だ。
ひとつのストーリーで**反事実を探ることを
放棄**してしまうことは多いのだ！

Pick Up Point

押さえておきたいこの一節

『検証したデータをもとに、判断力と創造力を動員して、最高の解決策を探っていく。下した決断は、最適化ループの次の段階ですぐに検証する。このようなフィードバックのメカニズムがなければ、創造力はただの雑音でしかない。成功は、創造と検証の複雑な相互作用によってもたらされるのだ』

（第4章より）

　失敗の原因となる「思い込み」をどう排除するかについて徹底的に考えたのが『失敗の科学』。なかでもここで紹介した一節は、クリエイティビティに関する落とし穴について書かれています。

　この一節が書かれている章のタイトルは「一発逆転より百発逆転」。つまり、「いきなり大きな創造性をはたらかせようとすると、簡単に失敗の落とし穴に落ちてしまう。それより、地味でも小さな一歩を着実に積み重ねることではじめて創造性は形になるのだ」ということです。

　私たちは「一発逆転」のひらめきで創造性が発揮されたプロダクトやサービスに憧れを持つからこそ、そういうストーリーばかりが注目されます。たとえば、ヤマト運輸の小倉昌男さんがニューヨークの街角でUPSの配送車を見たことで宅急便のビジネスを思いついたのは有名ですね。

　逆にいえば、誰かの他愛もないアイデアの種をベースに、改善に改善を重ねて新たなものが生み出されたというストーリーは、あまり記憶に残らないものです。先ほどの宅急便の話も、小倉さんのアイデアそのものは、サービス創出における試行錯誤の過程を考えれば小さなものだったはずなのですが、私たちは「一発逆転のアイデアの素晴らしさ」ばかりについ目が行きがちです。

　もし何か「一発逆転」のアイデアが浮かんだとしたら、盛り上がる気持ちを抑えて、この一節を思い出してみましょう。「フィードバックのメカニズムがなければ、創造力はただの雑音でしかない」のですから。

No. 15

選択の科学
コロンビア大学ビジネススクール特別講義

「ジャム実験」で有名な教授による、NHKの「白熱教室」でも話題になった書籍。毎日多くの選択を無意識に行っているからこそ、その無意識の行為に光を当てられると、ちょっとした驚きと発見が得られる。一旦立ち止まって、「なんで自分はあんな選択をしたんだろう？」「あれは正しかったのか？」とリフレクション（内省）することは、人生をより良くするためにも大切だと気づかされる。

シーナ・アイエンガー［著］　櫻井祐子［訳］
2014年　文藝春秋

この本の大事なポイント3つ

POINT
1

幸せを決める「自己決定感」は環境次第

POINT
2

多すぎる選択肢はノイズである

POINT
3

選択はアートだからこそ面白い

POINT 1 | 幸せを決める「自己決定感」は環境次第

自分で選ぶという「**自己決定感**」は幸福感に直結する

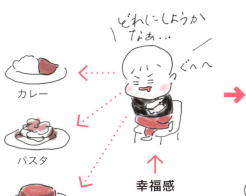

とにかく何でもたくさん選べればみんなhappyというわけではない。人によって重視することは異なるのだ！

しかし、何に「**自己決定感**」を感じるかは育った環境に依存する

個人主義的社会

→ 「**からの自由**」* を重視

* 制約がない状態（＝制約「からの自由」）に意味を見出す

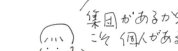

集団主義的社会

→ 「**する自由**」* を重視

* 選択に制約があっても良いので、全員が最終的に何かを「する自由」が保証されていることが大事

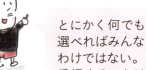

POINT 2 | 多すぎる選択肢はノイズである

有名なジャム実験

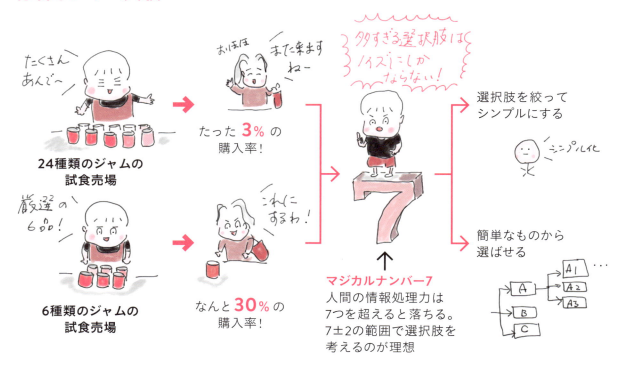

POINT 3 選択はアートだからこそ面白い

人生は三元連立方程式である

人生 ＝ 選択 × 偶然 × 運命

この3つの変数のうち、どれに重きを置いて考えるかによって、**人生が持つ意味**は変わってくる

選択の結果は誰も合理的に予測できない、という**観点では選択は科学ではなくアート**だ。だからこそ、選択の連続の「**人生の物語**」は、私たちひとりひとりが作る芸術作品なのではないか

Pick Up Point

押さえておきたいこの一節

『自分のことを少し振り返ってほしい。何か選択をするとき、あなたが真っ先に考えるのは、自分が何を求めているのか、何があれば自分は幸せになるのか、ということだろうか？それとも、自分だけでなく周りの人たちにとっても、何がベストかを考えるだろうか？この一見単純な問題が、国の内外を問わず、すべての文化や個人の大きな違いの中心に潜んでいる』

（第2講より）

「会社で仕事を進めるうえで、これまで私がリーダーとして意思決定してきたことは、本当に"自分の"選択だったのだろうか？」

本書を読んで、私はそう考えさせられました。

言うまでもなく、多くの場面で「自分以外の他人」に対する考慮がありました。「こういうことをしたら、あの人はどう思うだろう」「この選択は、あの人にとってハッピーだろうか」、そんなことを考えつつ、最終的にリーダーとして「自分」で決める形をとってきたわけですが、それは「自分」で決めたといえるのか、もしくは「自分」の要素は何割くらいあったんだろうか……いろいろ考えだすと止まりません。（このテーマでこれ以上考えを深めようとすると、次に紹介する『「空気」の研究』に行きつきます）

しかしこれは同時に、自分が組織の一介のメンバーだったとき、組織の意思決定は、形としては自分で決めたものではなくとも、自分の要素が一定の割合で入っている、ということにもなります。

「自分は意思決定者ではない」と思っていても、リーダーはそんな態度のメンバーがいることも踏まえて意思決定しているわけです。とするならば、「自分が決めるわけではないが、自分も意思決定者である」という自覚をメンバーが持てるのか、ということが問われてきます。

「全員がリーダーの自覚を持とう」といってしまうと、ありがちな社内研修のスローガンみたいですが、それでも誰もがリーダーの自覚を持つことは、やはり必要なのです。

№.
16

「空気」の研究

日本の意思決定を支配する「空気」の存在を
ときほぐした歴史的な名著。当事者も含めて
「何でこうなっちゃったんだろーねー」という
組織にまつわる事件が起こるたびに引用される本。
はっきり言って難解な文体、表現で理解しにくいが、
本質はシンプルで、時代を超えた普遍性がある。

山本七平 [著]
1983年　文藝春秋

この本の大事なポイント3つ

POINT 1

「空気」とは「状況」から生まれる
特定の「解釈」である

POINT 2

「空気」に支配される組織の
特徴とは？

POINT 3

「空気」に支配されやすい
という自覚を持とう

POINT 1 「空気」とは「状況」から生まれる特定の「解釈」である

よくある発言

「あのの中では、とてもじゃないがNOとは言えなかった…」

オイ、チョットまて！「空気」って何だ？「空気」ってそんなエライのか？？？

空気とは何か？

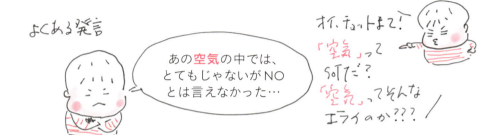

状況	解釈	行動
上司から新たなサービスの感想を求められた	否定的なことを言うと報復が待っているはず	「すごく良いと思います」と答えた

「空気」とは「状況」から、**ほぼ思考停止状態で**生み出される**特定方向の解釈**のこと

※本書ではこの解釈を「臨在感的把握」と呼ぶ。イチイチ言葉がムズいのだ。

思考停止しているから、後から理由を聞かれても「空気」としか答えられないんだよね。

115

POINT 2　「空気」に支配される組織の特徴とは？

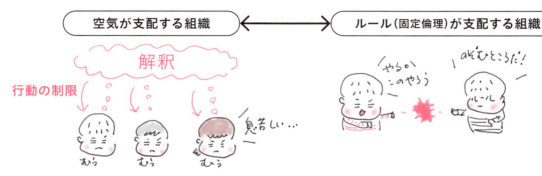

カタチのない「解釈」というものに
行動を制限されている。しかし、
カタチがない虚構であるがゆえに
**どう議論したらいいのか？そもそも
何と戦うべきなのか？**が分からない。
また、解釈はシチュエーションによって
大きくぶれやすいので、時として
極端な暴走を引き起こす

明確で絶対的なルールが存在するため、
何に縛られているのかが把握しやすい。
戦うべき相手も明確

「よく分からない無力感」が
蔓延している組織は、
「空気」に支配されている
可能性が高いよ！

POINT 3 「空気」に支配されやすいという自覚を持とう

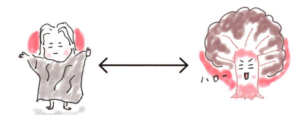

一神教的世界観
唯一の「絶対的存在」が
ベース。他のものは
全て相対化

アニミズム的世界観
世の中にたくさんの神様
（＝絶対的存在）がある

アニミズム的世界観
をもつ国は、唯一
絶対のルールよりも
「ケースバイケース」
の**「多数の絶対」**を
持ちやすいのだ！

←これが
空気感を
生む！

日本的な「ジグザグ型」の空気

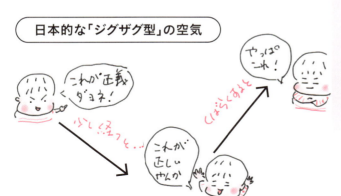

そのシチュエーションごとに
「空気」があり、それに応じて
正しいことが決まる。
ハタから見るとコロコロ
変わっていてよく分から
ないし、本人たちもよく
分からない。
でもそれにギモンを
持たないのが日本人なんだ！

Pick Up Point
押さえておきたいこの一節

『たとえば、ある会議であることが決定される。そして散会する。各人は三々五々、飲み屋などに行く。そこでいまの決定についての「議場の空気」がなくなって「飲み屋の空気」になった状態での文字通りのフリートーキングがはじまる。そして「あの場の空気では、ああ言わざるを得なかったのだが、あの決定はちょっとネー……」といったことが「飲み屋の空気」で言われることになり、そこで出る結論はまた全く別のものになる。従って飲み屋をまわって、そこで出た結論を集めれば、別の多数決ができるであろう』

（第1章より）

　この一節、身に覚えがある人も多いのではないでしょうか。
　「よく分からないけど、何となく特定方向に向かってしまう、その場の圧力」のことを、本書では空気と呼んでいます。
　厄介なのは、その空気とは「勝手に起きてしまう」ものであり、「目に見えない」もの。「あの場には反対できない空気があった」と言われても、誰がその空気を発生させたのか、そもそもそれが本当に存在したのかは検証しようがありません。

　ここでいう「空気」とは、187ページで紹介する『衰退の法則』における「サイレントキラー」に該当するでしょう。こうした「空気のマネジメント」を放置しておくと、平時には問題にはなりませんが、非常時に大きな問題を引き起こす要因になります。

　では、どうすればいいのか。本書の言葉を使うならば、そこは、あえて「空気」を読まずに、「水」をかけにいくしかありません。具体的に言えば、『衰退の法則』にあるとおり、「事実に立脚した議論」に持ち込むのです。
　このような場面で「事実」に勝る武器はありません。もちろん、それ以上に力強い「空気」もあるでしょう。しかし、部下に「なぜ賛成したんですか？」と聞かれて、「あの空気だから反対できなかったんだ」なんて格好悪い言葉、絶対に言いたくないですよね？

Chapter 3.

「企業・組織」
の本質を
考察する

戦略論を理解する

17

18

19

20

21

22

23

24

組織論・マネジメントを理解する

25

26

27

28

29

30

31

---

17 パラノイアだけが生き残る／ 18 ゼロ・トゥ・ワン／ 19 確率思考の戦略論／ 20 イノベーションのジレンマ 増補改訂版／ 21 ジョブ理論／
22 経営戦略の論理〈第4版〉／ 23 ストーリーとしての競争戦略／ 24 V字回復の経営／ 25 HIGH OUTPUT MANAGEMENT／
26 失敗の本質 日本軍の組織論的研究／ 27 知識創造企業／ 28 衰退の法則／ 29 バリュエーションの教科書／
30 自分の小さな「箱」から脱出する方法／ 31 プロフェッショナルマネジャー

№. 17

パラノイアだけが生き残る
時代の転換点をきみはどう見極め、乗り切るのか

インテルのビジネスの転換をリードしたグローブだからこその迫力。時代を超えて通用する本質を感じることができる。

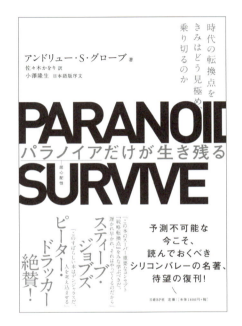

アンドリュー・S・グローブ [著]
佐々木かをり [訳]
2017年　日経BP社

パラノイア
＝
病的なまでの心配症
という意味。

この本の大事なポイント3つ

POINT 1
10×の破壊的変化を読み解け

POINT 2
**戦略転換点における
意思決定のリアリティとは？**

POINT 3
「ノイズ」と「シグナル」を見極めろ

うおおお
心配で！

ビジネスのルールは急に変わってしまう。
それに乗り遅れないためには、「パラノイア」であるべき、という内容。

POINT 1 | 10×の破壊的変化を読み解け

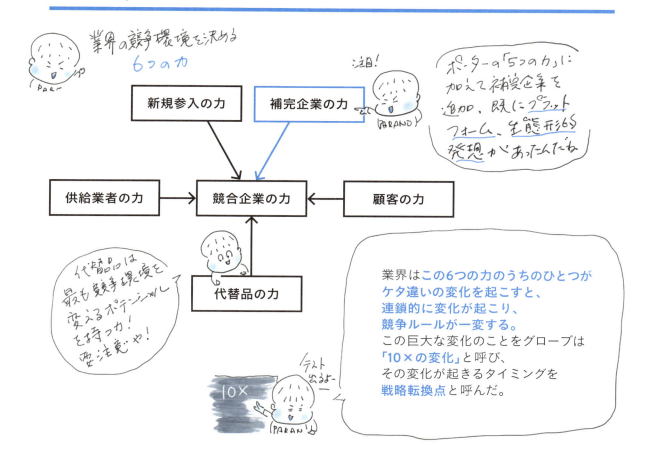

POINT 2 : 戦略転換点における意思決定のリアリティとは？

これがインテルがメモリー事業から撤退を決めた
シビれる意思決定場面だ！(in 1985)

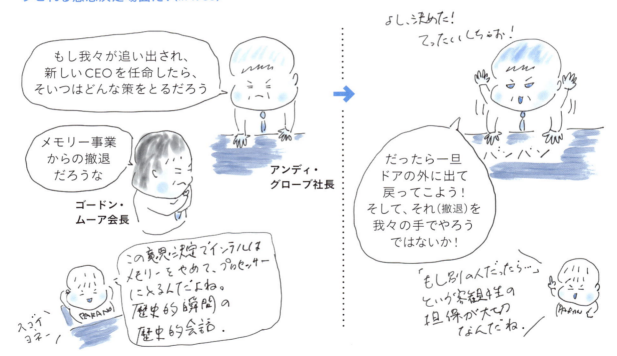

POINT 3 「ノイズ」と「シグナル」を見極めろ

4つのチェックポイント

❶ 主要なライバル企業の銘柄が変わってきていないか？

❷ 大切な補完（パートナー）企業が離反してきていないか？

❸ 社内に突然「無能化」してしまった人はいないか？

❹ 現場からの「メッセージの調子」に変化はないか？

Pick Up Point

押さえておきたいこの一節

『経営者であれば、どんなに詳細な事業計画をもってしても変化を予測することは不可能だと認識しなくてはならない。しかし、だからといって事業計画が必要ないわけではない。"消防署の事業計画"とでもいうべきものが必要なのである。つまり、次の火災がどこで発生するかは予測不可能だから、不測の事態に対しても通常の業務と同じように対応できるだけの、精力的かつ効率的なチームを編成しなければならないということだ』

（序章より）

「消防署の事業計画」なんて比喩、最高じゃないですか！まるでグローブが耳元で語りかけているようです。

同著者の『HIGH OUTPUT MANAGEMENT』には「経営は朝食工場だ」という比喩があり、これも秀逸なのでイラストにしました（171ページ）。短い言葉で本質をズバッと伝えきるグローブの表現力には本当に脱帽です。

言うまでもなく、この表現には多くの本質が含まれています。「火事はいつ起きるか分からないが必ずどこかで起きる」ということだけでなく、「スムーズに適切な対応をすれば被害は最小限で済むが、初期対応を誤ると取り返しのつかないことになる」という意味も含まれているでしょう。経営の現場においても、必ず変化は起きるがいつ起きるか分からない。そして、変化の初期対応を間違えると、その影響は甚大になってしまうのです。

この本で紹介されているメモリーからの撤退の意思決定などは、「火事が起きたときに迅速に火消しができた」お手本となる事例といえましょう。結果論から見れば、単に火を消すだけではなく、焼け跡から財宝を発見してしまったくらいのリカバリーショットではありましたが。

私たちは火事のことを予測はできませんが、火事が起きたときにはどんな基準でどう動くのか、その備えについては常に考えておきたいものです。そのためにも、「消防署の事業計画」のワンフレーズを頭の片隅に入れておくといいでしょう。

No.
18

ゼロ・トゥ・ワン
君はゼロから何を生み出せるか

スタートアップ向けの指南書のようでいて、
多くのビジネスに通じる戦略論が
まとめられている。

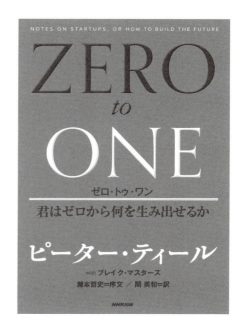

ピーター・ティール／
ブレイク・マスターズ［著］　関美和［訳］
2014年　NHK出版

この本の大事なポイント3つ

POINT 1
独占しろ、競争するな！

POINT 2
「賛成する人がほとんどいない大切な真実」を見つけ出せ

POINT 3
ビジネスプランには「7つの質問」を自問せよ

言っていることはシンプルなんだけど、当事者になると「見栄」とか欲に目がくらんで原則を忘れてしまう。

そういうバリバリの当事者でくらんだ目で読むと多くの気付きが得られると思う。読むタイミングも大事だよ。

POINT 1 独占しろ、競争するな！

ビジネスは小さく始めろ！
少数の特定ユーザーがいて競合のいないところを狙え！まずは独占だ！

独占してから拡大せよ！
関連する少し大きな市場に出ていく。アマゾンに学べ！

破壊（Disrupt）を狙うな、口にするな！
古い業界を意識するな。不用意に敵をつくるな。競争は避けよ！

ラストムーバーになれ！
素早く参入してもすぐにつぶされたらイミがない。最後に入ってもいいので長く生き残ることを考えろ！

勇ましいこと言って目立とうとすんな！長い目で見ろ！賢く大人しくふるまえ！調子に乗んなよ！

POINT 2 「賛成する人がほとんどいない大切な真実」を見つけ出せ

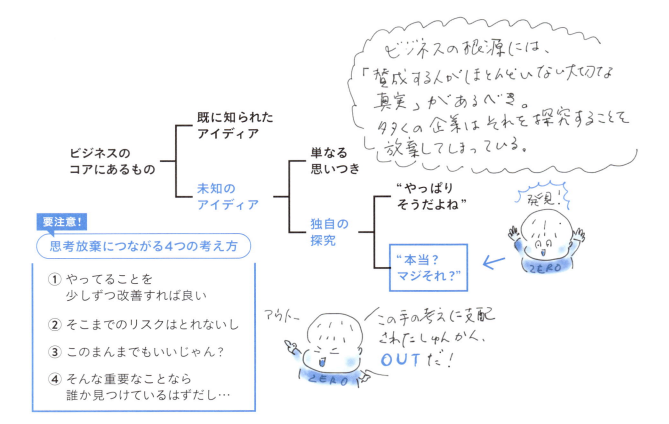

POINT 3　ビジネスプランには「7つの質問」を自問せよ

1	エンジニアリング	:	段階的な改善ではなくブレークスルーとなる技術があるか？
2	タイミング	:	今が適切なタイミングか？
3	独占	:	小さな市場で独占できているか？
4	人材	:	正しいチームづくりができているか？
5	販売	:	プロダクトをつくるだけでなく、届ける方法があるか？
6	永続性	:	この先10年生き残れるポジショニングができているか？
7	隠れた真実	:	他社が気づいていない、独自のチャンスを見つけているか？

チェックリストとして時々見返してみよう。

Pick Up Point

押さえておきたいこの一節

『起業家が1000億ドル市場の1%を狙うと言う場合は常に赤信号だと思った方がいい』

（第5章より）

「できるだけ大きなマーケットを狙いたい」

野心のあるスタートアップにとっては自然な考え方でしょう。しかし著者のティールは、そこに警鐘を鳴らします。

志を大きく持つことが悪いわけではありません。ただ、そこには順序があるのです。ティールは左の一節に続けて、こう語ります。『どんなスタートアップも非常に小さな市場から始めるべきだ。失敗するなら、小さすぎて失敗する方がいい。理由は単純だ。大きな市場よりも小さな市場の方が支配しやすいからだ』

つまり、まずはどんな小さな市場でもいいので、そこを完全に支配する。そして、そこから展開を考えていくべき。言ってみれば、「大きく考え、小さく始める」ということです。

私も今まで自分が当事者、もしくはアドバイザーとして、多くの事業の立ち上げにかかわってきましたが、ティールの教えと異なり、「大きく考え、大きく始める」、あるいは「小さく考え、大きく始める」（それほど大きくならないであろうことが見えていながら、資金調達などの段になってやたらと大きな風呂敷を広げてしまう）方向に引っ張られてしまうケースの多さを実感します。

何とか注目を集めたい立ち上げ時期に「小さく始める」のは、起業家の本能に反しているのかもしれません。だからこそ、このティールの考え方は一聴に値するのでしょう。

「夢は大きく持ちつつも、ひっそりと小さなところから確実に支配する」。これは多くの新規事業にも通じる真理です。ビジネスパーソンとしては記憶にとどめておくべきポイントですね。

確率思考の戦略論
USJでも実証された数学マーケティングの力

「マーケティングはアートではない。サイエンスだ!」
ということを数式まで使いながら、
そのロジックを示した書籍。

森岡毅／今西聖貴[著]
2016年　KADOKAWA

この本の大事なポイント3つ

POINT 1
プレファレンスを制する
者が戦いを制する

POINT 2
プレファレンスは3つの
要素を抑えろ

POINT 3
嫌われても確率の高い
道を選べるのがリーダーだ

さ、3,500円！

この本の価格、なんと約3,500円也。分厚いし数式やグラフもいっぱい。
そんだけの「ハードコア」な本だが、得られる価値はプライスレス！

POINT 1 プレファレンスを制する者が戦いを制する

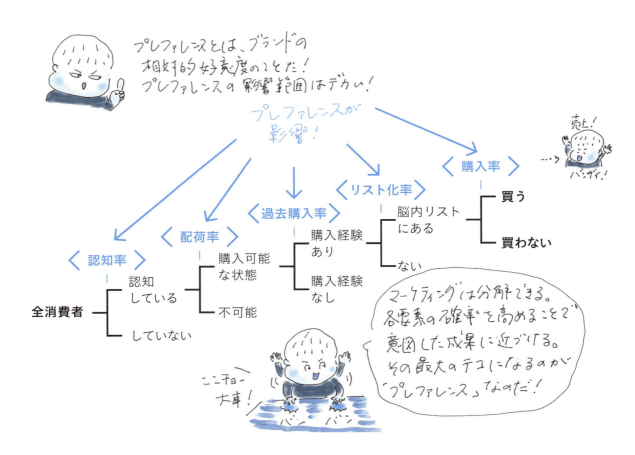

POINT 2 プレファレンスは3つの要素を抑えろ

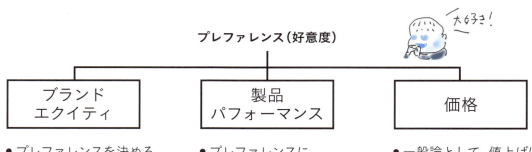

- プレファレンスを決める最大要素。競合との相対ポジションによって決まる
- 一度固まったブランドは崩れにくい。だからこそ「エクイティ」になる
- 差別化は大事だが、「消費者不在」の差別化にしない

- プレファレンスに製品パフォーマンスが意味を持つものと持たないものがある

意味あり

意味なし

- 一般論として、値上げはプレファレンスを下げる。しかし、値下げは長期的な投資余力を奪う。「魂を入れた値段」が重要！

POINT 3 嫌われても確率の高い道を選べるのがリーダーだ

Pick Up Point

押さえておきたいこの一節

『意思決定そのものに「熱」は要りません、むしろ「熱」は邪魔になります。極めて冷徹に、目的に対して純粋に確率が高いものを選ぶだけです。熱量が要るのはその後、決定した方向に人を説得したり、戦術を実施したりする次の段階です』

(第3章より)

　意思決定には、何かを「切り捨てる」という側面があります。切り捨てた結果、時として誰かの人生を大きく変えてしまうこともあるでしょう。だからこそ、意思決定には徹底的な合理性が大事になります。『確率思考の戦略論』では、意思決定の「合理性」について語られています。

　「そんなこと当たり前だろう」と思われる人もいるでしょう。しかし、私たちが通常行っている意思決定がいかに合理性からかけ離れているかを考えれば、その意味するところは分かるはずです。

　たとえば道が右と左に分かれているとき、この一節にあるように「極めて冷徹に、目的に対して純粋に確率が高いものを選ぶ」という判断基準をもって進む方向を決められる人はほとんどいません。

　まず「確率なんて出せない」って思いますよね。そして、たとえば「右に行くとどうやら大変なことになるらしい」「部長は左のほうが好きらしい」というように、そこに関係する人の感情に大きく左右されてしまうのです。そう考えると、この本の著者がどれだけすごいことを言っているかが分かります。

　かつて松下幸之助さんも「経営を進めていくときに大事なのは、事にあたってまず冷静に判断すること、それからそっと情を添えること。この順番が大切である」と語っていたそうです。時代が変わっても本質は同じなのかもしれません。

　ここで問われるのは、そうしたシビアな意思決定に耐えうるだけの「合理的なロジック」が私たちにあるか、ということです。『確率思考の戦略論』を参照しながら、人の感情に左右されないだけの合理性のロジックをつくりたいですね。

イノベーションのジレンマ 増補改訂版
技術革新が巨大企業を滅ぼすとき

言わずと知れたビジネス書のマスターピース的存在。「なぜリーダー企業の成功は永く続かないのか？」という問いに対して、「リーダー企業は論理的に正しい判断をするために失敗するのだ！」と喝破した。

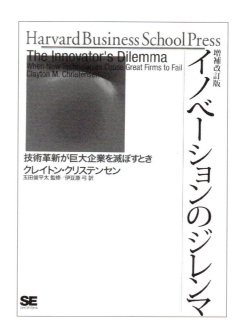

クレイトン・M・クリステンセン [著]
伊豆原弓 [訳]　**玉田俊平太** [監修]
2001年　翔泳社

この本の大事なポイント3つ

クリステンセンの
おやじ

3つの
ポイントやで

POINT

1

リーダー企業はこうして
ジレンマに陥る

POINT
2

成功した企業だからこそ
待ちうける失敗がある

POINT

3

ジレンマに陥るのには
明確な理由がある

1997年に出版された
本だが、そのロジックの
有用性は今でも
変わっておらず、
この本が示す通り、
今日のリーダー企業も
ジレンマに陥り
身動きが取れなくなって
いるところが多い。

う、
うごけん…

Chapter 3. 「企業・組織」の本質を考察する

140

POINT 1 リーダー企業はこうしてジレンマに陥る

イノベーションのジレンマのストーリー

① 当初はニーズを満たしきれていない技術

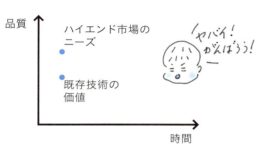

② 改善の結果、技術がニーズを超える

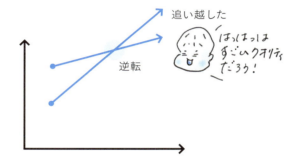

③ ローエンド向け技術が急進

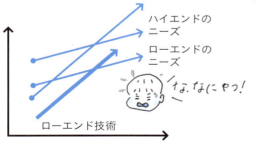

④ ローエンド技術がハイエンドニーズを満たしてしまう

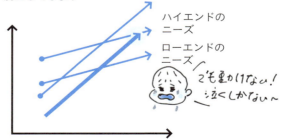

POINT 2　成功した企業だからこそ待ちうける失敗がある

なぜ「ジレンマ」に陥ってしまうのか？
クリステンセンが指摘する5つの原則

原則1

企業は**顧客と投資家**に資源を依存している！

→ 投資家と顧客を満足させるように企業は動く。従って、**利益率の低いローエンド技術は避ける**傾向になる

原則2

小規模市場では**大企業の成長ニーズ**を満たせない！

→ 40億企業と4兆円企業では**見るべき新規市場のサイズ**が全く異なる。大企業は小さい市場を正当化できない

原則3

存在しない市場は分析できない！

→ 技術が確立した大企業は、市場規模や成長性が予測できない市場には参入しづらい

POINT 3 ジレンマに陥るのには明確な理由がある

クリステンセンが指摘する5つの原則（続き）

原則4

組織の能力は無能力の決定的要因になる！ → 組織の能力は、
1. リソース
2. プロセス（組織の仕事の進め方）
3. 価値基準（組織が大事にしていること）

によって決まる。
ハイエンド向けに②や③が固まっているときに人材だけ取り替えても機能しない

組織能力のトライアングル

リソース（人材・技術…）
プロセス（仕事の進め方） ─ 価値基準（プライオリティ）

原則5

技術の供給は市場のニーズと等しいとは限らない！ → 高性能・高利益率ばかり追いかける結果、**技術が顧客ニーズを追い越した**ことに気づかない

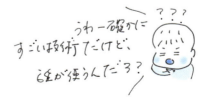

Pick Up Point
押さえておきたいこの一節

『しかし、逆説的だが、その後優良企業が失敗するのも同じ理由からだ。顧客の声に鋭敏に耳を傾け、顧客の次世代の要望に応えるよう積極的に技術、製品、生産設備に投資するからなのだ。ここにイノベーターのジレンマの一端がある。すぐれたマネージャーは顧客と緊密な関係を保つという原則に盲目的に従っていると、致命的な誤りをおかすことがある』

（第1章より）

「正しいことをやるから失敗するのだ」

それが「リーダー企業が陥るジレンマ」であり、本書のテーマです。いや、ジレンマという表現では甘いくらいで、「呪い」と言い換えてもいいのではないか、と思うくらいの内容です。

企業や大学院の戦略のクラスでこのセオリーのことを紹介すると、「私たちのことですか？」という反応が数多くあがります。それくらい、この「呪い」にかかってしまった企業は多いのでしょう。

しかしこの「呪いの書」は、リーダー以外のポジションから見れば、「救済の書」になり得ます。リーダー企業が呪いに苦しんでいる間に、しがらみの少ないベンチャーや新しい企業は、それを逆手にとってローエンドを狙っていけばいいのです。

ディスラプト（Disrupt、破壊）という表現を最近よく耳にしますが、それは本書で紹介されているように、「ローエンドプレイヤーが呪いのかかった大企業を破壊する」ということでもあります。

『イノベーションのジレンマ』を「呪いの書」と見るか、「救いの書」と見るか。立ち位置によって読み方の全く異なる本でもあるでしょう。

№. 21

ジョブ理論
イノベーションを予測可能にする消費のメカニズム

「どうやったら売れる商品サービスを
作ることができるのか？」
そんな問いに対して、『イノベーションのジレンマ』
でおなじみのクリステンセンが
新たな理論で答える！

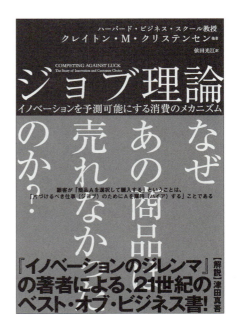

クレイトン・M・クリステンセン［著］
依田光江［訳］

2017年　ハーパーコリンズ・ジャパン

この本の大事なポイント3つ

この本
3つのポイント!!

POINT 1
「ミルクシェイク」でジョブの本質をつかめ

POINT 2
ジョブを見極める
「レンズ」を身につけよ

POINT 3
「受動的」データに着目し続けろ

しーん

→ 「なぜ？」 →

この間の背景を解き明かす！

これください

POINT 1 「ミルクシェイク」でジョブの本質をつかめ

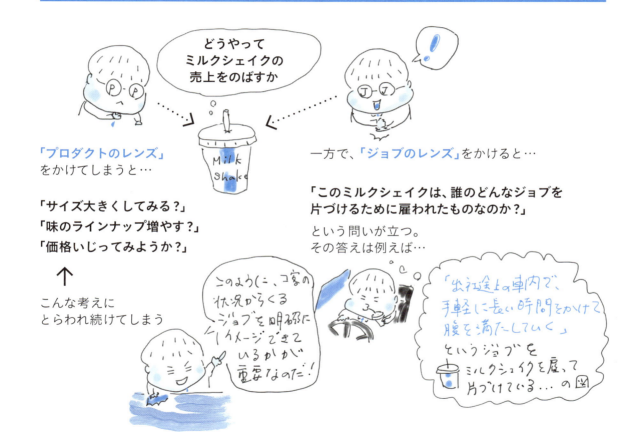

POINT 2　ジョブを見極める「レンズ」を身につけよ

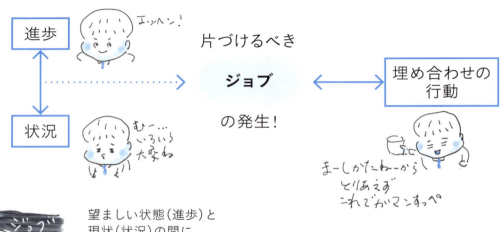

望ましい状態(進歩)と現状(状況)の間に「ジョブ」は発生する。
ニーズのような抽象的なコトバではなく、ジョブが生まれる**ストーリー**を理解せよ！

「ジョブ」に対してジャストフィットしていない「**埋め合わせの行動**」に目を奪われるな！
常に**フレッシュな目**でジョブを見続けろ！

POINT 3 「受動的」データに着目し続けろ

データには「能動的」と「受動的」の2種類が存在する

能動的データ
外から見えやすく、その意味も伝わりやすいデータ。
例えば売上、利益、販売数量…のようなデータ

受動的データ
意図して調べなければ、全く見えてこず、そしてその意味も理解しにくいデータ。
例えば顧客の行動記録など、構造化されていないあいまいなデータ

能動的データばかり見ているような組織は、やがて「ジョブ」への興味を失い始める。「見かけの成長」に一喜一憂しはじめるんだな。

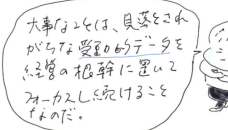

大事なことは、見落とされがちな受動的データを経営の根幹に置いてフォーカスし続けることなのだ。

Pick Up Point

押さえておきたいこの一節

『成功する組織は、ジョブを中心に築かれる』

（第8章より）

　「顧客のジョブに注目し続ける」のは易しいことではありません。「ジョブ」とは極めて抽象度の高い存在であり、より具体的で分かりやすい売上や利益、成長率などのデータ（本書でいうところの「能動的データ」）の前にくれば一気にかすんでしまうからです。

　日常的に「ジョブ」に向き合う仕組みが組織内に担保されていなければ、概念は理解できても、「運用できない」ままで終わってしまう。それを防ぐためには、組織そのもののあり方に着手しなくてはならないと、クリステンセンは言います。

　詳細は本書に譲りますが、この理論を実践するには、一部のトップマネジャーの意識改革だけでなく、組織のあり方や仕事の仕方そのものに手を入れ、日々の社員一人一人のルーティンを変えていかなくてはならないのです。

　分かりやすい事例を皮切りに読み手に共感を与え、その根底に通じる因果を紐解くことで読み手を圧倒しつつも、解決策は経営の本質論に入り、やるべきことの大変さに読者を軽く絶望させる——クリステンセンの書籍の王道ではありますが、この本もまさにそのパターンでしょう。

　「ジョブを見つめ続ける」ことは、一朝一夕には片づかない話ですが、だからこそ、それが実践できれば大きな優位性になります。

　「顧客重視」という手あかのついたフレーズを口にして、それができているつもりになる前に、この本から学んで、具体的な一歩を踏み出しましょう。

経営戦略の論理〈第4版〉
ダイナミック適合と不均衡ダイナミズム

経営戦略をある程度考えてきた人に読んでほしい一冊。
大きな言葉を分解し、それぞれを深掘りしてコンセプト化する、
という伊丹先生の必殺技が至るところで炸裂する。

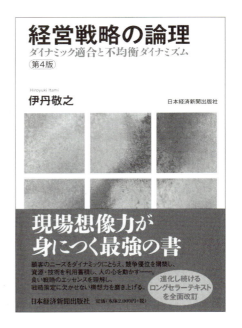

伊丹敬之[著]
2012年　日本経済新聞出版社

この本の大事なポイント3つ

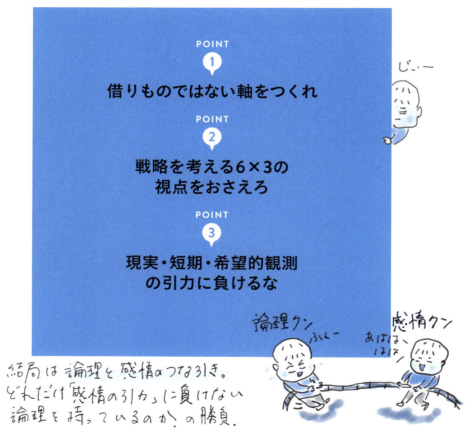

POINT 1
借りものではない軸をつくれ

POINT 2
戦略を考える6×3の視点をおさえろ

POINT 3
現実・短期・希望的観測の引力に負けるな

論理クン　感情クン

結局は論理と感情のつなひき。
どれだけ「感情の引力」に負けない
論理を持っているか！の勝負.

POINT 1 借りものではない軸をつくれ

① 戦略とは複雑な総合判断

② だから、「感情」によって大きくぶれてしまうことが多い

③ そうならないためにも「論理の軸」が必要だ

④ そして、その軸は「手づくり」じゃなきゃダメだ。借りものではイザというときに役に立たない

POINT 2 戦略を考える6×3の視点をおさえろ

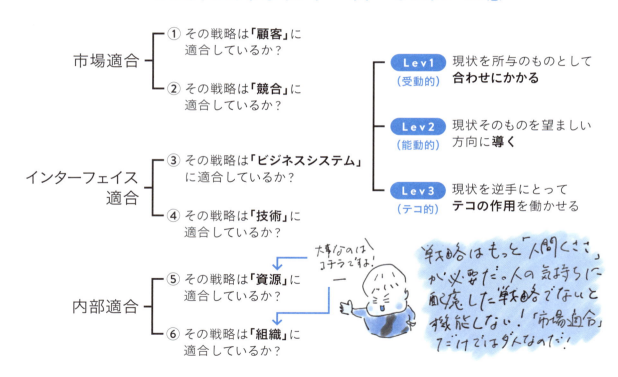

POINT 3 : 現実、短期、希望的観測の引力に負けるな

戦略発想の3つの「べからず」集

① **「目の前の現実」**
から戦略の発想を
スタートさせない！

② **「短期の積み上げ」**
で長期戦略を考えない！

③ **「希望的観測」**
で考えない！

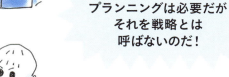

現実的かつ短期的な
プランニングは必要だが
それを戦略とは
呼ばないのだ！

Pick Up Point

押さえておきたいこの一節

『これまでの戦略論は、経済分析的なにおいばかりが強すぎた。組織の人々の心理は、戦略の実行プロセスで配慮されるべきものという考え方が中心だった。私がこの本で主張したいことの一つは、戦略の内容そのものがそもそも人々の心理や感情への配慮をした内容になっていなければならない、ということである』

（序章より）

イラストでも描いたとおり、この書籍は戦略の「適合」について深掘りしたものです。そしてこの一節は、そのうちの「内部適合」、すなわち「戦略が自社にフィットしたものになっているか」ということに関するメッセージとなっています。

本書では「人間臭さのある戦略」という表現も出てきますが、これは本当に大事なことです。裏を返せば、「人間臭さが感じられない」戦略が世に多く出回っているということでもあります。

そうした戦略についてまとめられた資料を見ても、流行りのバズワードはふんだんに散りばめられているものの、「具体的に誰がどう動くのか？」「その人はどんなモチベーションでやるのか？」「その人たちはどうなったら評価されるのか？」といった、「戦略を実行している現場の動画イメージ」がまったく見えないことが多いのです。

結局戦略は人が動かすもの。だとするならば、人の動き方までをイメージしきってこその戦略立案のはずです。しかし、多くの場合、残念ながらこの「内部適合」が軽視されて終わってしまうのです。

そういう意味では、戦略の立案に携わっている人は、この一節を常に頭の片隅に置いておくべきでしょう。少なくとも「戦略を実行した3ヶ月後に、メンバーがどのように動いているか」のイメージくらいは持っておきたいものです。

No.
23

ストーリーとしての競争戦略
優れた戦略の条件

優れた戦略には「思わず人に話したくなるようなストーリー」
がある、ということを説明した書籍。本気で戦略を考えようと
している実務家にとってヒント満載なのは当然として、
非実務家（エンタメ読者）の知的好奇心をくすぐる
ストーリーやフレーズも多く、読んでて素直に楽しい。
この分野でこれだけ売れるとは……と驚かされた一冊でもある。

楠木建［著］
2010年　東洋経済新報社

この本の大事なポイント3つ

POINT
1

「SP」と「OC」という
2つの違いのつくり方

POINT
2

最初から完成された
ストーリーがあるわけではない

POINT
3

ストーリーに
「一見して非合理」を組み込め

知る人ぞ知れた名著

POINT 1 「SP」と「OC」という2つの違いのつくり方

戦略の「違いのつくり方」2つのアプローチ

中心となる考え方 / 違いの源泉

SP＝ポジショニング
Strategic Positioning

"競争に勝つためには他社と違ったことをやりましょう"

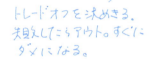

OC＝組織能力
Organizational Capability

"競争に勝つためには他社と違う独自の強みを持ちましょう"

POINT 2 最初から完成されたストーリーがあるわけではない

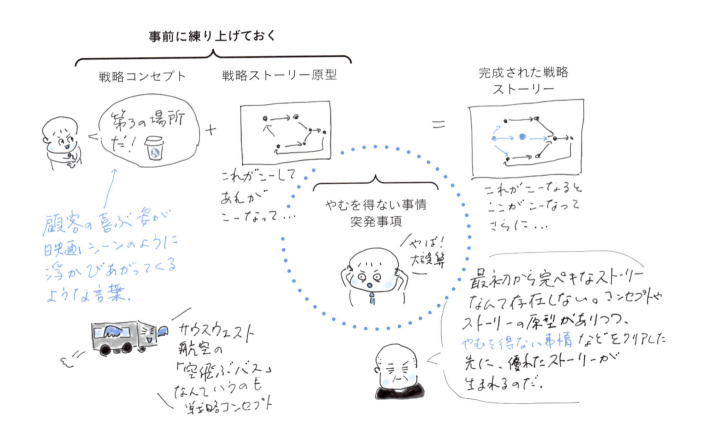

POINT 3 ストーリーに「一見して非合理」を組み込め

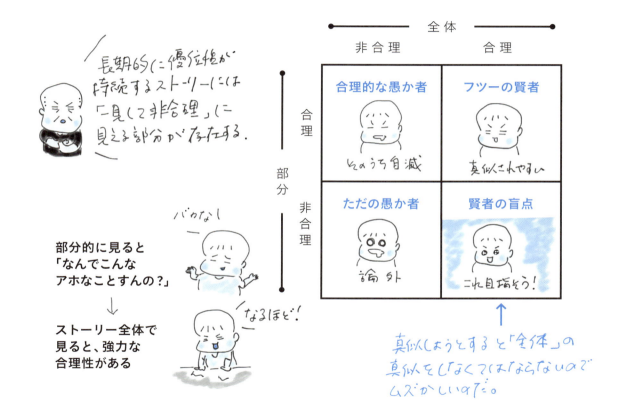

Pick Up Point
押さえておきたいこの一節

『戦略がこの意味でのストーリーになっているかどうかは、内容はもちろんですが、戦略のプレゼンテーションをする人の表情や声、雰囲気にも注意して聞いていれば、一目瞭然です。そこにストーリーがあれば、その戦略をつくっている人自身がストーリーに興奮し面白がり、実に楽しそうに戦略を「話して」くれるからです』

（まえがきより）

「戦略を語る人が面白そうに語っているかどうか」

それが、戦略を見るうえでのひとつのチェックポイントであると、著者の楠木さんは言います。

本書でいう「ストーリー」とは、論理的に話がつながっていればいいということではありません。ロジックのつながりは当然として、さらに「読み物として面白いか」までが求められているのです。

「論理的に話は組み立てられているものの、お客さんに面白いと思ってもらえるかは自信がない」という状態、ありますよね。それでは聞き手を前にして、「興奮し面白がり」「実に楽しそうに」語るまでには至りません。

これを「ストーリー」に昇華させるには、論理の延長線上にはない、一聴しただけでは「バカな！」としか思えないようなネタ（本書でいうところの「クリティカル・コア」）が必要です。

私の体験になりますが、実際に戦略立案の現場で、この「ネタ」を思いつくことがあります。会議などで議論しているときに、「ひょっとして……こういうのを加えたらどうでしょう？」みたいな、ふとした思いつき。この「面白ネタ」が先の「論理的なつながり」に加わると、「早く誰かに聞いてほしくて仕方ない！」という状態になるんです（本当に！）。

ストーリーをつくる過程は決して楽ではありません。しかし、あの「早く誰かに聞いてほしい」という感情を味わいたくて、またチャレンジしたくなるのです。

No. 24

V字回復の経営
2年で会社を変えられますか

実話をベースにした事業再生論。
ストーリーに引きこまれつつ、「不振事業の症状50」、
「改革を成功に導くための要諦50」の破壊力に圧倒される。
たとえば症状として「会議の出席者がやたら多い」とか
「あれもこれもと開発テーマが多すぎる」とか、
本当にあるあるばかりでヒザが痛い。

三枝匡 [著]
2006年　日本経済新聞出版社

この本の大事なポイント3つ

改革の「死の谷」を回避する 8つのステップとは？

改革に求められる 3つのチェックポイントとは？

商売の基本サイクルを 早回しすることに活路あり

POINT 1 改革の「死の谷」を回避する8つのステップとは？

改革8つのステップと直面するカベ

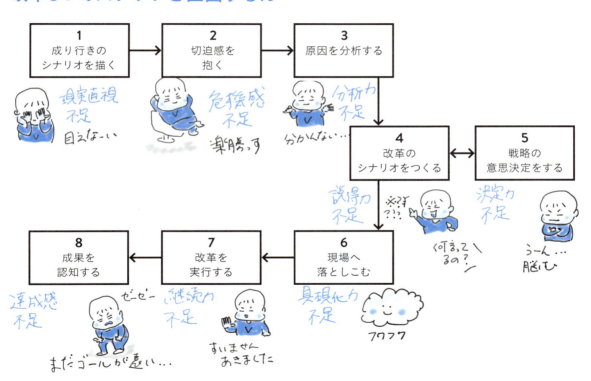

POINT 2 改革に求められる3つのチェックポイントとは？

改革の際の共通認識となる**理論やフレームワーク**が必要。
これがあると、物事を**俯瞰的に整理する**ことが
できるとともに、ロジックの権威づけができて
説得力が増す

「強烈な反省論」から入り、原因を特定したうえで
具体的な解決策まで落としこむ流れをつくる。
また重要なポイントにおいてはデータによる
裏づけが求められる

プランを実行に落とすために、**本気度を示す象徴的な
人事**が必要。**「人事は上から」**が鉄則であり、
それができるかが一つの踏み絵になる

POINT 3 : 商売の基本サイクルを早回しすることに活路あり

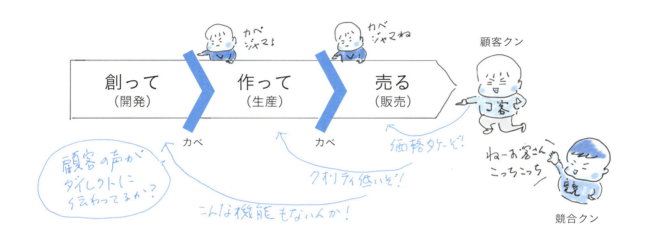

顧客の声を基点に、「創って、作って、売る」のサイクルを
いかに早回しすることができるか？
それが商売の本質である。**競合や顧客のことを商売として
身近に感じていない組織**は、競争上の大きなハンデとなる。
このサイクルの境目に存在する**壁**を取り払い、
小さくても一気通貫している組織をつくることが重要である

Pick Up Point

押さえておきたいこの一節

『しかしこの会社では、その分解作業が厳しく行われた形跡がまったくありません。だから皆は『自分はちゃんとやっている』、『すべて経営者が悪い』、『他の部署の問題だ』くらいにしか感じていないのです』

（第3章より）

　本書には「改革を成功に導くための要諦」が50個も詰まっていますが、なかでも「現実直視」と「課題の分解」の重要性が書かれている「要諦6」が本書のヤマであると、私は考えます。
　この2つの要素は、改革に立ち向かうリーダーにとって超重要であることは言うまでもありませんが、立場に関係なく、私たちが社会人として成長していく際に、等しく求められる基本的行為でもあります。

　たとえば、上司から厳しいフィードバックをもらったとします。そこで「現実直視」ができるのか、それとも上司や組織に責任を転嫁してしまうのか。仮に現実直視をしたとして、その課題を一口サイズまで分解できるか、それとも大きく曖昧な課題意識を抱えたままにしておくか……。そう考えると、「現実直視」と「分解」は、息を吸って吐く行為と同じくらい、私たちが成長するための基本動作であることがわかるでしょう。
　日頃、自分の身の丈の課題でこの2つの基本動作ができていないのに、会社サイズの課題でそれができるわけがありませんよね。

　もしこの本を読んで「変革リーダー」を志す人がいるならば、まずは「要諦6」を常日頃から実践するようにしてはいかがでしょうか。変革リーダーへの道は、すべてそこから始まるのです。

No. 25

HIGH OUTPUT MANAGEMENT
人を育て、成果を最大にするマネジメント

インテル創業者アンドリュー・グローブが
30年前に書いた名著。
かつては「インテル経営の秘密」という
タイトルで翻訳されていたけれど、
絶版になっていたんだ。

アンドリュー・S・グローブ[著]　**小林薫**[訳]
2017年　日経BP社

この本の大事なポイント 3 つ

POINT 1
経営は「朝食工場」で理解できる

POINT 2
マネージャーは「テコ作用」を意識せよ

POINT 3
「1on1（ワンオンワン）」はマネジメントの中心である

経営の本質を
とらえているからこそ、
どんだけの時を
経ても通用する。

む〜

深いね.

youだよ.
you

リーダーとして人を
引きひている人、
もしくはこれから
リーダーをだす人にとって、
マネジメントの
基本が分かる
最適な一冊だ！

Chapter 3. 「企業・組織」の本質を考察する

170

POINT **1** # 経営は「朝食工場」で理解できる

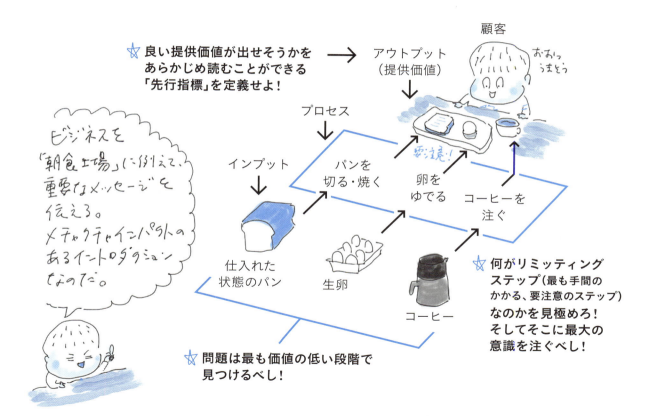

☆ 良い提供価値が出せそうかを あらかじめ読むことができる 「先行指標」を定義せよ！

顧客

アウトプット（提供価値）

プロセス

インプット

パンを切る・焼く

卵をゆでる

コーヒーを注ぐ

仕入れた状態のパン

生卵

コーヒー

ビジネスを「朝食工場」に例えて、重要なメッセージを伝える。メチャクチャインパクトのあるイントロダクションなのだ。

☆ 何がリミッティングステップ（最も手間のかかる、要注意のステップ）なのかを見極めろ！ そしてそこに最大の意識を注ぐべし！

☆ 問題は最も価値の低い段階で見つけるべし！

POINT 2　マネージャーは「テコ作用」を意識せよ

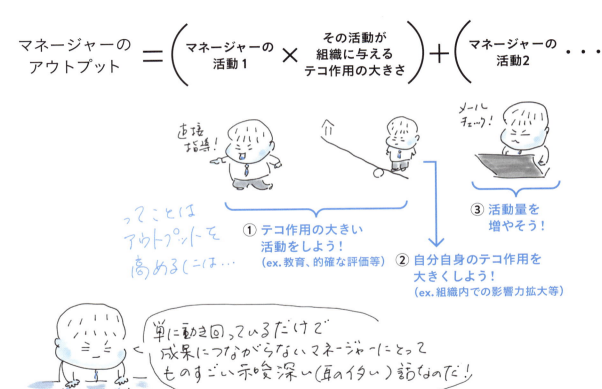

POINT 3 「1on1（ワンオンワン）」は、マネジメントの中心である

① **上司と部下の2人で定例的なミーティングの場を持つべし！**

部下の業務習熟度にあわせ、週1〜2週に1回程度で

② **ワンオンワンは「部下のための」ミーティングと位置づける**

テーマもやり方も全て部下が決める

③ **「部下にとっての問題」を顕在化させることに注力する**

仕事上のトラブルや職場の不満などを「聞き出す」

Pick Up Point

押さえておきたいこの一節

『マネジメントの「技術」というのは、一見比較してみて同じくらいの重要度を持つ多くの活動から、テコ作用の優れたものをひとつ、2つ、あるいはせいぜい3つほど選び出して、それに集中する能力にある』

（第2部より）

　左に紹介した一節は、書名にもなっている「HIGH OUTPUT MANAGEMENT」の本質を語るものといえるでしょう。
　私たちは日々多くの仕事に追われています。難しい仕事、簡単な仕事。やりたい仕事、やりたくない仕事。一人でできる仕事、たくさんの人が絡む仕事……そんな無数の仕事の中で、私たちはどこに時間を注ぐべきか。そんなことを考えたときに、この「テコ」の一節を思い出したいものです。
　「優れたテコは、どこに存在しているのか?」。それは、すぐに分かるものではありません。現場との対話で見出していくことが必要です。
　その文脈で考えれば、もうひとつイラストとして挿入した1 on 1ミーティングという具体的なアクションがセットになってきます。
　この「テコ」の概念と1 on 1というアクションは、相性が極めて良いマネジメント原理です。良いマネジャーとはテコの原理を最大化できる人物である、ということをこの本は示しています。
　朝出社して仕事に向かうときには、「テコ」という言葉を頭に置きながら、やるべきことを考えるといいかもしれません。

No.
26

失敗の本質
日本軍の組織論的研究

日本軍の失敗を分析し、なぜ戦争に負けたのか
という問いに真正面から向き合ったマスターピース。
内容は、今日的な組織の「あるある」ばかり。
組織が劣化するとはこういうことなんだ、
ということを気づかせてくれる。

あるかー
むっちゃよくある．

戸部良一／寺本義也／鎌田伸一／
杉之尾孝生／村井友秀／野中郁次郎［著］
1991年　中央公論新社

この本の大事なポイント3つ

POINT
「作戦の目的」軽視が根源的課題

POINT
議論ができない組織はこうしてつくられる

POINT
インフォーマルな「間柄」がスピードを遅らせた

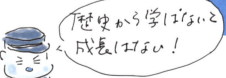

POINT 1 「作戦の目的」軽視が根源的課題

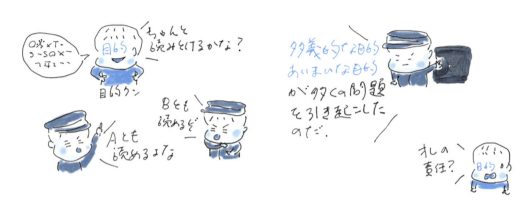

・・・・・・・・・ 引き起こされた問題 ・・・・・・・・・

| 現場の判断遅延 | 現場の独自判断 | 資源の分散 |

POINT 2　議論ができない組織はこうしてつくられる

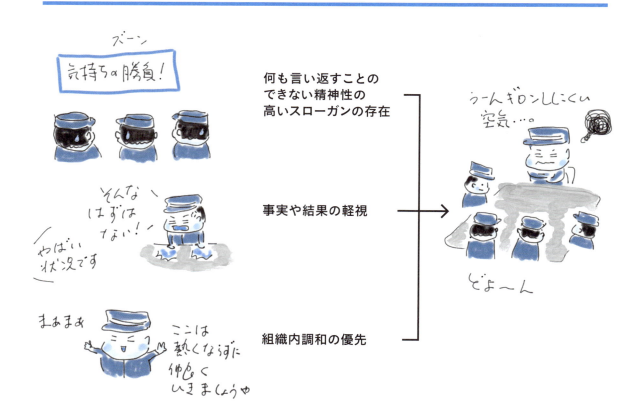

POINT 3 インフォーマルな「間柄」がスピードを遅らせた

失敗の本質 日本軍の組織論的研究

| 通常の官僚組織 | 日本の軍隊組織 |

明確な
上意下達の
仕組み

フォーマルな官僚組織の
裏側に広がる**インフォーマルな
人間関係（間柄）**が存在し、
これが重視される。
だから、一つの意思決定の浸透に
ものすごく時間がかかる

組織の目的に対して合理的に
動くのではなく、**人間関係の間柄**に
忠実にふるまう組織だった。
これが一部の組織の暴走を引き起こす
結果にもつながったといえる

179

Pick Up Point

押さえておきたいこの一節

『日本軍の戦略策定は一定の原理や論理に基づくというよりは、多分に情緒や空気が支配する傾向がなきにしもあらずであった。これはおそらく科学的思考が、組織のクセとして共有されるまでには至っていなかったことと関係があるだろう』

（第2章）

「科学的思考が、組織のクセとして共有される」とはどういうことでしょうか？

たとえば誰かがある組織運営のアイデアをひらめいたとします。そのとき、科学的思考が組織のクセとして共有されていれば、「そのアイデアは『セオリー』に照らし合わせて有効なのか？」というところから議論が始まります。

他方、科学的思考が根づいていない組織では、まず「そのアイデアは誰が言ったのか？」から始まり、もしそれが偉い人なら「あの人が言ったのならやらざるを得ない」となって、まともな検証もないままに実行に移されるでしょう。

大事なのは、照らし合わせる「セオリー」の存在です。そのままダイレクトに照らし合わせられるセオリーがなかったとしても、類似のセオリーを探してみる。そこに「誰が言ったのか」は関係なく、とにかく意見の妥当性をチェックしていくのです。

科学的思考を軽視する組織にはたいてい、「自分たちは特別だ、例外だ」という驕りがあります。だから「過去のセオリー」などに縛られる必要はない、と。しかし、私たちが立っているのは、先人たちが多くの活動をしてきた歴史のちっぽけな先端に過ぎない——そうした謙虚な視点で歴史を見ることが大事です。

私たちは、日本軍の事例から導き出した「科学的思考を組織のクセとしていない企業は敗北する」というセオリーを忘れずに胸に刻んで、日々の仕事に向き合わなくてはなりません。

No. 27

知識創造企業

「日本企業はなぜ競争力があるのか？」
という問いに対して、欧米企業が見逃している
「暗黙知」に着目して考察を深めた書籍。
その問い自体にもはや意味はなくなっているが、
知識を生み出す仕組みとしての「SECIモデル」
は今日でも輝きを失っていない。

野中郁次郎／竹内弘高[著]　梅本勝博[訳]
1996年　東洋経済新報社

この本の大事なポイント3つ

POINT 1
知識はスパイラル型に創造される

POINT 2
SECIモデルが機能するには前提がある

POINT 3
知識は5つのフェイズを経て進化を遂げる

SECIモデル以外にも「ミドルアップダウン」というコンセプトや無名だが使えるFWが多くある。一度読んでおくべし！

読んでください！
関くん

POINT 1 知識はスパイラル型に創造される

Socialization

経験を共有することでメンタル・モデルや技能などの暗黙知を創造するプロセス。相互作用をするための「場」づくりが重要

これが「SECI(セキ)」モデルだ！

Externalization

暗黙知を明確なコンセプトに落としこむためのプロセス。「メタファー」（比喩）、「アナロジー」（たとえ）が有効

Internalization

形式知を暗黙知に体系化するプロセス。「行動による学習」（Learning by doing）が引き金となる

Combination

コンセプトを組み合わせて、一つの知識体系をつくりだすプロセス。「他の組織にすでにある知識」がカギになる

POINT 2　SECIモデルが機能するには前提がある

① **意図**
組織の目標と、それに対する
コミットメントがあることが大前提

⑤ **最小有効多様性**
組織内にダイバーシティ
があること。これにより組み
合わせの可能性が高まる

② **自律性**
個人に権限を委譲し、個人レベルで
自由に動けることが前提。
これによって組織の末端の組織を
とりこむことができる

④ **冗長性**
当面必要のない情報を
重複共有していること。
一見ムダのように感じるのが、
暗黙知の共有に効果がある

③ **ゆらぎと創造的なカオス**
ルーティンを疑わざるを得ない状況や、
挑戦的な目標による危機感が
あることが知識創造につながる

POINT 3 ：知識は5つのフェイズを経て進化を遂げる

組織的知識創造の5フェイズ・モデル

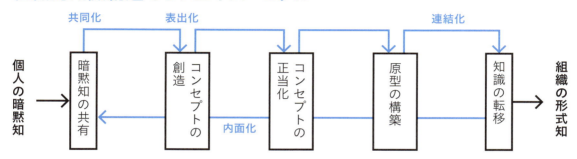

暗黙知の共有	コンセプトの創造	コンセプトの正当化	原型の構築	知識の転移
「場」を通じて個人が持つ暗黙知を組織に共有する	暗黙知をベースに、人に伝えられる「コンセプト」までまとめあげる	作ったコンセプトが、本当に社会的意義があるかどうかを判断軸をもとにふるいにかける	さらに様々な人々の知識を組み合わせてプロトタイプを生み出す	新たな知識をつくりだすために知識を横展開していく

Pick Up Point

押さえておきたいこの一節

『ミドル・マネジャーの役割は、トップの現実を超える理想とビジネス最前線のときに混沌たる現実のあいだを橋渡しすることである。中間的なビジネス・コンセプトや製品コンセプトを創り出し、トップの「かくあるべきだ」という思考と第一線社員の『現実はこうだ』という思考を仲立ちするのである』

（第1章）

　本書では、トップからの無理難題を、現場の状況を踏まえて、しっかりとワークする戦略に落とし込んでいくという、まさに「あるべきミドル・マネジャー」のひとつの像が描かれています。

　優れた企業では、トップが風呂敷を広げ、ミドルがそれを畳んでいきます。目立つのはトップかもしれませんが、その裏でしっかりと風呂敷を畳むミドルの存在を忘れてはなりません。

　「風呂敷を畳む」とは何を指すか？　本書では、「現場の暗黙知とトップの暗黙知をつなげて形式知に変換する」ことであると表現されます。つまり、トップと現場それぞれが抱える「言葉にならない想い」や「行間に込められたこだわり」を汲み取り、誰もが理解できるもの（ときに企画書、ときに具体的なビジネスモデル）に形を変えて展開していくわけです。

　私は仕事柄、「風呂敷を畳む」役割が多かったのですが、畳みきったときの快感は別格です。

　「そうそう、こういうのがやりたかったんだよ！」と目を輝かせるトップの表情と、「なるほど、これならちょっとできるかもしれませんね…」という不安半分、楽しさ半分の現場の表情を見る瞬間。

　本書の言葉を借りるならば、あれこそがミドル・マネジャーとして、「混沌と現実の間の橋渡し」をする瞬間なのでしょう。

№.28

衰退の法則
日本企業を蝕むサイレントキラーの正体

"破綻する企業と優良企業との分かれ目は何なのか？"
この問いに対して、数多くの一次リサーチを
ベースにしてそのナゾを解き明かした書籍。
特にインタビュー内容はあるある系の
ヒザを打つものばかり。何気ない日常的な
行動の一つひとつがサイレントキラーとなり、
環境変化に対応できず衰退していく。
そのメカニズムが理解できる。

小城武彦 [著]
2017年　東洋経済新報社

この本の大事なポイント3つ

POINT 1
破綻企業における意思決定の特徴とは？

POINT 2
破綻企業の経営陣の特徴とは？

POINT 3
こうして企業は衰退していく…

ひひひ…

破綻する企業と優良企業との分かれ目は何なのか？

うちの企業は大企業病かも…と思っている人は要チェックや。

POINT 1 破綻企業における意思決定の特徴とは？

❶ ガチンコの議論禁止！

❷ 上司の意見への過度な同調

❸ それぞれ暗黙の不可侵ゾーンが存在する

❹ PDCAは犯人探しになるためあえて避ける

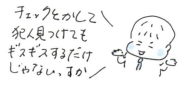

→ つまり、**予定調和**色の強いマネジメントが行われているのだ。このスタイルが、会社を徐々にむしばんでいく！

POINT 2 : 破綻企業の経営陣の特徴とは？

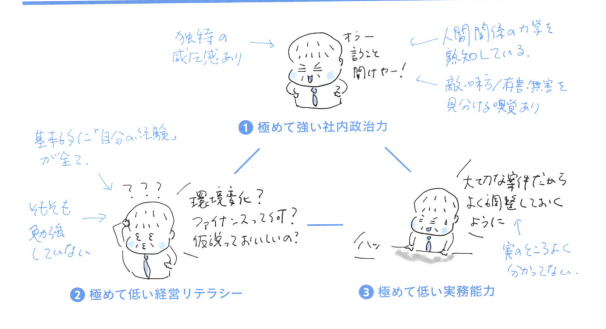

➡ 事実に基づく戦略的・論理的な議論は皆無。
幹部の立場を背景にした持論や経験に基づくものばかり

POINT 3 こうして企業は衰退していく…

こういった諸条件がそろうと…

① 環境変化への感度の低下　　**② 意思決定の経済合理性の低下**　　**③ 構造改革への躊躇**

 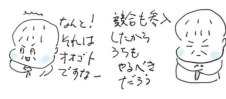 

会話の大半はゴシップで外部の変化には無関心！ → ロジックがめちゃくちゃなのにツッコミゼロ！ → 波風が立つ決定は後回し！

平時には問題にならないが、**有事には致命的**。
平時には気づかれないこれらの症状を**「サイレントキラー」**と呼ぶ

一旦この環境に入ってしまうと、自ら適応しちゃうんだ…。だから内部からは治しにくい…。

Pick Up Point

押さえておきたいこの一節

『自覚症状がないため知らないうちに進行し、ある日突然命にかかわる状態となって事の重大さに気づく病気のことを「サイレントキラー」と呼ぶ。衰退惹起サイクルは、事業環境が安定しているうちは自覚症状がなく、環境が変わったときに、まさに企業生命を危険に陥れるサイレントキラーとしての性格を有しているといえるだろう』

（第1章より）

この本に出てくる「衰退惹起サイクル」とは平たくいうと、「予定調和色が強い意思決定」「調整役を重用する昇格制度」「低い経営陣の経営リテラシー」といった要素がグルグル回り、事なかれ主義的な様相が自己強化されていくマネジメントスタイルのことです。

このような企業は予想以上に多いのではないか、というのが、企業研修や大学院でミドルリーダーたちと議論してきた私のざっくりとした印象です。

難しいのは、「自社は予定調和的である」と考える人がいても、それがどの程度のレベル感なのか、想像できないということです。予定調和ランキングが存在するとしたら全国で何位くらいなのか、もしくは資格だとすれば現在何級レベルなのか……。

結局どの会社でも予定調和的な側面は存在するわけで、それは必ずしも悪いことではないのですが、厄介なのは、多くの会社は、「予定調和的な側面もあるけど、まあ何とかなるレベル」と思っていること。それがまさに「サイレントキラー」に繋がっていくのです。

そこで本書の出番です。この本の良さのひとつは、「具体的な当事者コメントの多さ」にあります。それによって、「あ、わが社のことかも！」という実感がダイレクトに得られることが、抽象度の高い書籍にはない魅力となっています。

本書を通じて、自分たちが全国ランキング何位なのか、もしくは何級なのかといった位置づけのイメージを持ってみることをお勧めします。

No. 29

バリュエーションの教科書
企業価値・M&Aの本質と実務

企業の価値をどうやって読みとくか。
その難しい問いに対して、
極めてシンプルな形で視点を提供してくれる書籍。

森生明 [著]
2016年　東洋経済新報社

この本の大事なポイント3つ

POINT 1

バリュエーションの中核にある
「シンプルな公式」をおさえろ

POINT 2

ROEを分解して理解せよ

POINT 3

PERは将来の成長性と
そのリスクを表す

カネ系が苦手な人ほど
枝葉でつまづくが、
この本は「何が幹か」
を教えてくれる。

まず幹から
おさえよう

Chapter 3.「企業・組織」の本質を考察する

194

POINT 1　バリュエーションの中核にある「シンプルな公式」をおさえろ

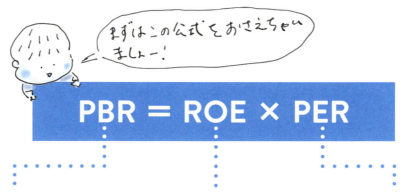

$$PBR = ROE \times PER$$

株価純資産倍率
「のれん」（無形資産）を生み出す力。企業が価値を生み出す力というのは、この「のれん創出力」に他ならない！

株主資本利益率
株主資本から何％の利益をあげているか、を表す。足元の効率性を見る指標

株価収益率
株価はその企業の1株あたりの利益の何倍か。将来の期待とリスクを見る指標

POINT 2 ROEを分解して理解せよ

$$ROE = \frac{利益}{株主資本} = \frac{利益}{売上高} \times \frac{売上高}{総資産} \times \frac{総資産}{株主資本}$$

会社の収益性 / 資産効率性 / 負債の有効利用

この分解は「デュポン・フォーミュラ」として有名なものだが、分解の方法は**無限**に存在する。
大事なのは、事業形態に応じて、分解の要素を柔軟に考え、それを **KPI** として捉えること

しかし、各要素は独立しておらず、あっちが立てばこっちが立たず というトレードオフだ。全体感を捉えながら、「バランスの最適化」を図ることが何よりも重要なのだ。

POINT 3 PERは将来の成長性とそのリスクを表す

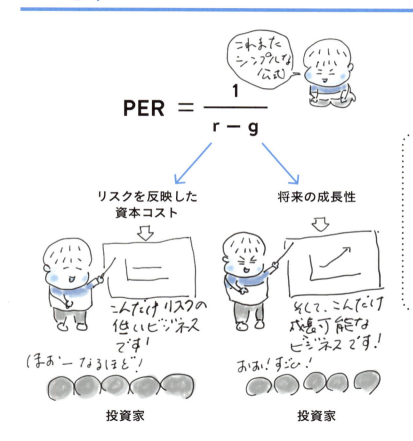

経営者は、ビジョンや戦略を説明することで成長性やリスクを明確にする。
そして、それを投資家はその「経営の質」をPER（倍率）という形で評価する

Pick Up Point
押さえておきたいこの一節

『このような時代に強くたくましく前向きに生きていく人たちを育むには、どういう社会をつくればよいか?「そのカギはバリュエーションにある」と言うと、唐突すぎて理解を得られないのだが、「価値を生むこととカネが儲かることがずれない社会づくりをめざすべき」と言えば、より共感を得られるだろう』

（おわりにより）

バリュエーションと言われても、「今の自分には関係ない」「なんか難しそう」と思われる人もいるでしょう。

確かに決して簡単な概念ではありませんが、この本を通じて著者が伝えようとしているメッセージは、「この領域の知見があれば、仕事がもっと楽しくなる」ということです。ファイナンスの実務書のように見えて、その根底には「ビジネスパーソンがより良く生きる術」について書かれているのが本書の魅力といえます。

「え、ホント?」と思った人は、この書籍の「おわりに」をまず読んでいただければ（名文です!）、著者がこの本を通じて何を伝えたかったのかが分かると思います。

私もMBAの教員を務めている関係上、お金に対する苦手意識や拒否反応がどれほどのものか、それなりに理解しているつもりです。数年、数百万円かけてMBAを志す人たちでさえそういう状況なのですから、世の中一般の社会人はなおのことでしょう。

だからこそ、この領域の知見を少しでも身につけて、自分の仕事とファイナンス領域との関係を理解できれば、他の人にはない付加価値を出すことができるともいえるのです。

その一歩として、まずこの本を読んで概要を理解してみるところから始めてみてはいかがでしょうか。

自分の小さな「箱」から脱出する方法

親子関係、夫婦関係、職場での人間関係…そうした全ての人間関係に悩む人に是非読んでほしい一冊。この本に描かれていることが確実にできれば、世界の見え方は変わるはず。といっても、言っていることは超シンプル。それだけに、真理は身のまわりにあることに気づかされる。

シンプルなだけど
深いよ…
カンタンではない

アービンジャー・インスティチュート [著]
金森重樹 [監修]　冨永星 [訳]
2006年　大和書房

この本の大事なポイント3つ

POINT 1

「自分の本心を裏切る」ことが
「箱に入る」ということ

POINT 2

箱に入ると起きる
4つのネガティブなこと

POINT 3

相手を一人の人間として見たとき、
箱から出ることができる

はあ、オレの周り
自己中ばっかで
もうムリだわ…

POINT 1 「自分の本心を裏切る」ことが「箱に入る」ということ

箱に入った田中クン

本当は山田クンと協力したい…
でも、ちょっと気に入らないことがあったから、本当の気持ちを裏切ってしまった…

山田クン

で、箱に入っちゃうと田中クンは…

- 自分は被害者だ
- 山田はヒドいやつだ
- 自分はこれだけ正しいことしてるのに！

という歪んだ目を持つようになる

この「自分の本心を裏切る」状態が、「箱に入った」ってヤツなのだ！

ヤッカイなのは、これを客観視できないこと…

で、田中クンに箱に入られてしまった山田クンは…

- 田中クンが自分をまともに見てくれていないことに敏感に気づく
- だから心理的にブロックする

201

POINT 2 ｜ 箱の中に入ると起きる4つのネガティブなこと

① 本来の目的ではなく、相手を貶めることが目的となってしまう

② 相手を箱に入れてしまう

③ 周囲の人を敵・味方に分断してしまう

④ 居心地が良くて箱から出られなくなる

POINT 3 相手を一人の人間として見たとき、箱から出ることができる

他人を**あるがままの存在**として見つめる。
「責めるべき存在」として見ない

← これができたとき、初めて
私たちは**箱から出た**ことになる

Pick Up Point

押さえておきたいこの一節

『相手を、自分と同様きちんと尊重されるニーズや希望や心配を持った一人の人間として見始めたその瞬間に、箱から出るのだ』

（第3部より）

ため息が出るくらい深い一言です。つまりは、「他人を人間として見る」ということ。言葉にすると単純ですが、実践しようとすると、これがいかに難しいか……。身に染みる方も多いのではないでしょうか。

思いどおりにいかなかったとき、相手を「極端に悪意を持った存在」に仕立てあげることで、心の中で自分を正当化し、心の平静を保つ。私自身もこんな記憶はたくさんあります（情けない話ですが）。皆さんにも心当たりはあるでしょう。

「そんなときこそ箱から出なくてはならない」というのが本書のメッセージです。「聖人君子ではないので無理」と思う人も多いでしょうが、それでもあえてお伝えしたいのは、箱から出たときの「世界の見え方の違い」です。

皆さんの心に余裕があるとき、今日一日を振り返って、「箱から出ていた場合の自分」と「イライラしていて、周りの人を悪意をもって見てしまう場合の自分」で、どちらが楽しい一日だったかを想像してみてください。与えられた同じ一日という時間、そして同じスケジュールであっても、世界の見え方はまったく変わってきます。

私は何かうまくいかないことが続き、箱に入っている自分を正当化しがちなときは、必ずこのような「箱に出ている自分」を妄想するようにしています。自分が箱に出るだけで、同じ一日の価値が変わってきます。箱に入っていてはもったいないですよね。

No.31

プロフェッショナルマネジャー
58四半期連続増益の男

柳井さんの教科書というだけあって極めて
マッチョな経営論。なんだか耳元で
ジェニーンから叱られているような錯覚を覚える本(笑)
本書ではよくMBA的なことに
対するアンチテーゼが語られているが、
語られている内容はまっとうな
MBAド真ん中のものだったりもする。

ハロルド・ジェニーン[著]　田中融二[訳]
2004年　プレジデント社

この本の大事なポイント3つ

POINT 1
ビジネスは「逆算」で考えろ

POINT 2
経営に「サプライズ」は不要だ

POINT 3
数字の苦行は「自由への過程」である

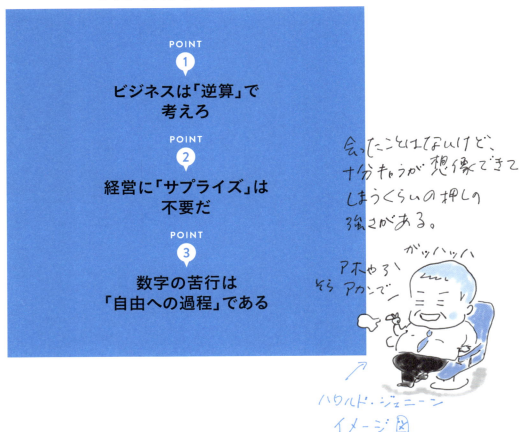

会ったことはないけど、十分キャラが想像できてしまうくらいの押しの強さがある。

ガッハッハ
アホやろ
そら アカンで〜

↑
ハロルド・ジェニーン
イメージ図

POINT 1 ビジネスは「逆算」で考えろ

ゴールを見定めて、逆算で今やるべきことを考える思考法

今見えている課題を解決する結果、何かをなしとげようとする思考法

```
    ゴール              ？？？
      ↓                  ↑
  マイルストーン          課題
      ↓                  ↑
  マイルストーン          課題
```

逆算思考クン　　　積み上げ思考クン

逆算思考なんて当たり前じゃーん！て思っている人も多いけど、日常会話で「逆算的」なアプローチは意外と少ない。知らぬ間に「積み上げ」になってしまっている

ジェニーンが強調しているのが、第一歩目の重要さ。最初の四半期がダメだったら年間目標はまずムリ。この段階でどれだけこだわりをもって改善できるかが勝負

積み上げのカダイは、下に引っ張られる引力に負けてしまう、ということ。一定のところまで来ると一息ついてしまう。「逆算」のような「上からの推進力に欠けるのだ

POINT 2 経営に「サプライズ」は不要だ

一口に「事実」と言っても5種類存在するのだ！

この「事実の見極め」ができないと経営は サプライズ（びっくり）だらけになってしまう！

① 揺るがすことのできない「事実」

② 表面的な「事実」
▶一見事実と見える事柄

③ 仮定的「事実」
▶事実と見なされていること

④ 報告された「事実」
▶事実として報告されていること

⑤ 希望的「事実」
▶事実であってほしい事柄

オイ！お前本当に事実なのか！

事実を見極めるためには、事実を揺すってみなくてはならない。そのために、リーダーには

- ひたむきさ
- 知的好奇心
- 根性
- 無作法

が必要なのだ！

POINT 3 数字の苦行は「自由への過程」である

「数字の苦行」フェーズ ←――――――――――――――→ 「数字からの自由」フェーズ ←――――→

① 数字をたえず注視する

- どれくらいの頻度で報告されてくるか？
- どれくらい正確か？
- 予算と結果のずれはどれくらい許容されているか？

② 分解して数字の「背景」をさぐる

③ 打ち手と結果のメカニズムを「記憶」する

④ 数字を深く考えなくても「何となく」分かるようになる

Pick Up Point

押さえておきたいこの一節

『彼は本能的に企業経営の本質をつかんでいた。それは彼が勉強にはげんでいたからではなく、ひとつの対応がうまくいかなかったら次の対応を、そしてまた次の対応を……目標に到達するまで試み続けたからである。それが"経営する"ということなのだ』

（第5章より）

「経営とは経営するということなのだ」

この書籍の中に何度も出てくる金言です。ジェニーンがそこで訴えたいのは、「高い目標を掲げて、それに向けて試行錯誤を重ねて何が何でもやりきれ」というシンプルなこと。そこに特に目新しいことはありません。

私が「経営戦略」のクラスで受講生の方と議論していると、たまに「完全無欠の戦略の幻想」を感じることがあります。つまり、成功している企業というのは、最初の段階から成功を見据えた「完全無欠の戦略」が存在し、それを実践してきたのだと。

しかし、多くの場合、それは幻想に過ぎません。結局はジェニーンの言うとおり、繰り返しあの手この手を打ってきたという試行錯誤がベースにあり、その結果として「ステキな戦略」ができあがっていた、というのが現実ではないでしょうか。

私たちは後日談として話を聞く機会が多いので、「完全無欠な戦略」があたかも最初からあったかのように感じてしまいますが、多くは結果論に過ぎません。

もちろん、ただガムシャラにやればいいというわけではなく、練りに練られた「戦略の原型」は必要でしょう。しかし、そのとおりに進むことはまずありません。むしろ、そこがスタートラインであり、後は手数の勝負。「四の五の言わずにまずはやれ」ということなのです。

そんな幻想をドストレートの直球で喝破してくれるジェニーンの一節、大好きです。

Chapter 4.

「世の中」の
変化を
予測する

32

33

34

35

32　限界費用ゼロ社会／　33　〈インターネット〉の次に来るもの／　34　プラットフォームの経済学／　35　スーパーインテリジェンス

No. 32

限界費用ゼロ社会
〈モノのインターネット〉と
共有型経済の台頭

シェアリングエコノミーとかベーシックインカム、AI、IoT…
といった最近よく聞くキーワードがバラバラで、
頭の中でつながってないのであれば、まずはこの本をオススメ。

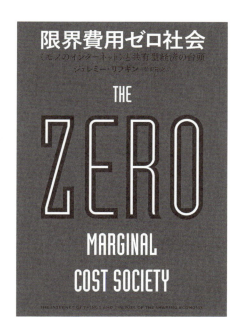

ジェレミー・リフキン［著］　柴田裕之［訳］
2015年　NHK出版

この本の大事なポイント3つ

POINT 1
限界費用ゼロ社会の意味を理解せよ

POINT 2
中央集権から分散型の社会へ

POINT 3
起こりつつある「コモンズ」型社会とは？

今世の中で起きていることは、資本主義の先にある「コモンズ型」社会への変化の途上なのかもしれない…

そんな気持ちにさせてくれる書籍だ。

POINT 1 限界費用ゼロ社会の意味を理解せよ

例えば書籍出版の場合…

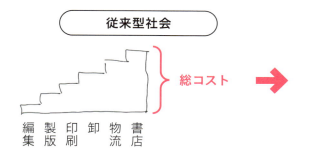

従来型社会

編集 製版 印刷 卸流 物流 書店

総コスト

限界費用ゼロ社会

総コスト ゼロ！

全てネット上で完結し、人手もかからないので、1件あたりにかかるコスト（限界費用）は**ゼロ**に。

限界費用とは、1つのモノやサービスを生み出すためにかかるコスト。社会の生産性が極限まで高まれば、このコストはゼロになる

しかし、コストがゼロになるということは、そこでもうけられる人もゼロということ。己ずとGDPは減り、資本主義も終わりを迎えることになる

さよなら資本議〜

POINT 2 ｜ 中央集権から分散型の社会へ

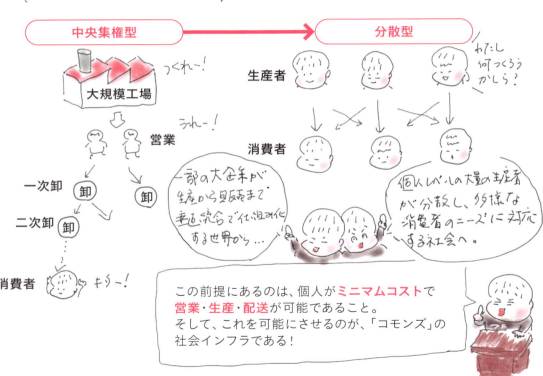

POINT 3 起こりつつある「コモンズ」型社会とは？

「コモンズ」とは、市場も政府も関与しない自主管理型の社会資本。今や、テクノロジーの進化によって以下3つのプラットフォームが「コモンズ」になる可能性が。

コミュニケーションコモンズ

フェイスブック、グーグル、ツイッターのように、マスに対して自由にコミュニケーションできるツール。
もし、これらのツールに公益性が出てくれば、社会インフラになる

化石燃料の中央集権型ビジネスから脱却し、再生エネルギーをベースにして必要な時に必要なだけシェアするモデルになれば、社会インフラになる

IoT

エネルギーコモンズ

ロジスティクコモンズ

企業ごとにムダの多い物流を、インターネットのように標準規格化してオープンプラットフォーム化できれば社会インフラになる

エライコッチャ

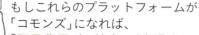

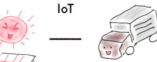
もしこれらのプラットフォームが「コモンズ」になれば、「限界費用ゼロ社会」が実現する！

Pick Up Point

押さえておきたいこの一節

『限界費用がほぼゼロにまで縮小すると、財とサービスは市場での価格決定から解放されるので、利益は消失する。そして、財とサービスは本質的に無料になる。ほとんどのモノがただ同然になれば、財やサービスの生産と流通を司るメカニズムとしての資本主義の稼働原理は何もかも無意味になる。というのも、資本主義のダイナミズムの源泉は稀少性にあるからだ』

（第15章より）

今、目の前に見えているわずかなビジネス上の変化に焦点を当てつつ、新しい経済や社会のあり方を大胆に論じていくのが本書です。

その「新しい社会のあり方」とは「コモンズ」という概念です。コモンズとは、あらゆるモノやサービスがインフラ化・共有化される、という資本主義を超えた世界です。

このように聞くと、現実味の感じられない思考実験のように思えるかもしれません。ですが、この胎動は、私たちの身の回りで確実に起きている話でもあります。そのひとつの動きが「シェアリングエコノミー」です。シェアリングエコノミーとは、モノやサービスを所有するのではなく、組織や共同体で共有して必要なときだけ使う（シェア）というもの。この動きも、コモンズ型社会に向けた大きなトレンドといえるでしょう。

そうした世の中の変化を追いかけるにあたって、著者のジェレミー・リフキンは私たちに有益なフレームワークを提示しています。彼は「コミュニケーション」「ロジスティック」「エネルギー」の3つがIoT（Internet of Things）を通じて徐々にコモンズに移行し、世の中のプラットフォームになると予言しています。

この3つをフレームワークとして頭の中に入れておくことで、世の中の流れを追いかけやすくなるのではないでしょうか。

『限界費用ゼロ社会』はより中長期的な世界に関する議論が中心ですが、私たちはこの「コモンズ型社会」への移行の可能性を視野に入れつつ、まずは身近な変化にアンテナを立てておくのがいいかもしれません。

№ 33

〈インターネット〉の次に来るもの
未来を決める12の法則

原題は"The Inevitable"。
「不可避」。これからの世の中で、
「万物の法則」のように必然として起こる
動きを12パターンにまとめた書籍。

ケヴィン・ケリー[著]　服部桂[訳]
2016年　NHK出版

この本の大事なポイント3つ

FLOWING：
流動化していく4つのプロセスを理解せよ

SCREENING：
スクリーン化する世の中の本質を認識すべし

ACCESSING：
所有しない世の中を支える5つのテクノロジー

12章のタイトルが全て動詞の進行形になっているところがポイント。まさに「今一歩ずつ動いているもの」を示唆している。

今目の前で動いていることなんだ！

POINT 1　FLOWING：流動化していく4つのプロセスを理解せよ

① 固定的　希少

希少で属人的な
テクニックで
新たな商品や
サービスを
生み出す。
フツーの状態

② 無料　どこにでもある

どこにでもある
真似され、
コモディティ化される。
やがてはコピーされ、
どこにでもある
状態になる

③ 流動的　共有される

各要素がバラバラに
分解（アンバンドル）
される。
そして、それらの
要素がリミックスされ、
再び統合（バンドル）
される

④ オープン　"なっていく"

消費者が創作者
となり、オープンに
市場に参加していく
アマチュアがアップ
デートをくり返して
いく

POINT 2 SCREENING：スクリーン化する世の中の本質を認識すべし

「本って一体どうなるんだろう？」

今までの本は、この一点のみ

考え → 調べ → 書き → 編集し → 校正し → 読まれ

↑ 新しいアイディアが生まれ

← シェアされ ← 別の本とリミックスされ ← サマリーされ ← シェアされ ← アンダーラインが引かれ

これからはこのどこかの一場面が「スクリーン」に映し出されたものを「本」と呼ぶようになる

固定的な「本」という名詞的概念はなくなり、流動的な動詞になるのだ！

読書は、読者参加型のオープンでソーシャルな営みになる！

ビシっ

POINT 3 ACCESSING：所有しない世の中を支える5つのテクノロジー

非物質化
モノを軽量化し、最終的に
サービス化する技術。
ビジネスの本質は「非物質」へ
シフトする

クラウド化
膨大なデータを
いつでもすぐに引き出す
ことができる技術

オンデマンド化
空いている、ヒマなものを
見つけ出し、その場ですぐ
サービス活用する技術

プラットフォーム化
売り手と買い手を
マッチングさせつつ、
それぞれエコシステムとして
育てあげる技術

分散化
誰か特定の人が仕切るの
ではなくブロックチェーンの
ように社会全体でバラバラに
管理する技術

Pick Up Point

押さえておきたいこの一節

『こうした12の連続した行動の一つひとつがいまのトレンドとなり、少なくとも今後30年は続いていくことを身をもって示し続けている。私はこうしたメタレベルのトレンドを「不可避」と呼ぶ。というのはそれらが社会ではなくテクノロジーの性質に根差したものだからだ』

（はじめにより）

　本書は、現在のデジタル世界の変化のトレンドをまとめたものです。はっきり言って抽象度が高く、一読してもピンと感じない記述が多く盛り込まれているかもしれません。そこで、なぜ私がこの書籍を選んだかというと、今の時代の変化を読み解くためには、抽象度の高い視点で物事の流れを感じることが極めて重要だからです。

　高度にたとえて考えてみると、よくわかります。地上2メートルの視点に立つと、道を歩いている人の姿や行動はよく見えますが、人の波がどちらに向かおうとしているのかは理解できません。みんなが駅の方向に歩いている、くらいのことは分かるかもしれませんが、それを「世の中のトレンド」として語るのは無理があるでしょう。大きなトレンドを知りたかったら、それなりに高いビルの上に立たなくてはなりません。ビルの屋上からは、歩いている人たちの姿かたちはわかりませんが、大きな人の流れは把握できるはずです。

　普通のビジネスパーソンである私たちは、日頃は地上2メートルの視点で毎日の仕事をしている人が多いと思います。だからこそ、この「ビルの屋上」からの視点を併せ持つことが必要になるのです。
　本書は、その比喩でいえば、時として「スカイツリーの上」くらいの視点が混じっていることもあります。しかし、このスカイツリーの上の視点と地上2メートルの視野を併せ持つことができれば、世の中の変化に楽しみながら対応できるビジネスパーソンになることができるはずです。

№.34

プラットフォームの経済学
機械は人と企業の未来をどう変える？

あの『機械との競争』を書いた
MIT研究者たちの最新刊。
これからのテクノロジー社会のキモとなる
①マシーン　②プラットフォーム　③クラウド(crowd)
とどう向きあっていくのか、をまとめたもの。

アンドリュー・マカフィー／
エリック・ブリニョルフソン [著]
村井章子 [訳]
2018年　日経BP社

225

この本の大事なポイント3つ

これら3つの戦いははたしてどうなるのか？
ばしっ

POINT 1

第1の戦い
マシーン vs ヒト！

POINT 2

第2の戦い
プラットフォーム vs リアルなモノやサービス！

POINT 3

第3の戦い
クラウド（crowd） vs コア（専門家）！

論点はもっとあるヨ！

邦題は「プラットフォームの経済学」だけど、決してプラットフォームのことだけを書いた本ではないので要注意だ！

POINT 1 第1の戦い マシーン vs ヒト！

ヒトの頭の中に住む
2人の小人さん

システム1くん　×　**システム2くん**
直感的思考　　　　　分析的思考

影響

人間の脳はバグばかりだ。どれだけ丁寧にやってもシステム1がある限りは難しい。

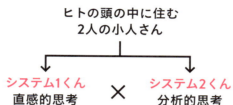

こいつがバイアスによってしょっちゅう間違える。そのくせ休まない

彼もシステム1の影響を受けるために、分析も間違える

そうすると、ヒトにとって重要なのは「ソーシャルスキル」なのかもしれない

だとするならば…
意思決定はマシーン
に任せましょう

＋

そのうえで
コミュニケーションはヒト
がやりましょう

POINT 2　第2の戦い　プラットフォーム vs リアルなモノやサービス！

Uberはリアルなタクシービジネスをこうしてプラットフォーム化した

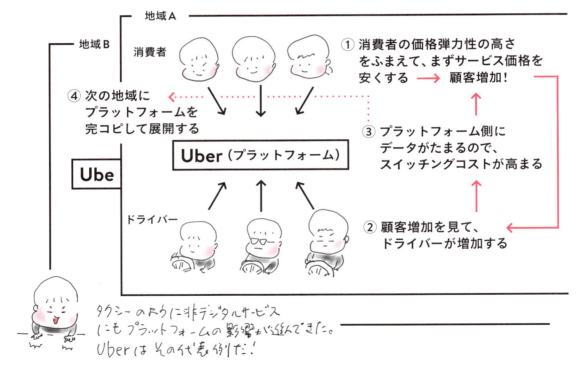

POINT 3 第3の戦い　クラウド（crowd）vs コア（専門家）！

クラウド（crowd）の力はホンモノか？

社内専門家（コア）　社外群衆（クラウド）

クラウド（crowd）化を進めるテクノロジーとして、ブロックチェーンがある。これによりいっそうの「権力の分散化」が進む

社内専門家への過度な依存は危険！
① 最先端のノウハウはすぐに陳腐化する。その都度、社外のベスト＆ブライテストにアクセスするほうがいい
② 社外だからこそ気づくことが多い

しかし、だからといって「コア」「中央集権構造」がなくなるわけじゃない。コアとクラウドはバランスしあうのだ！

Pick Up Point

押さえておきたいこの一節

『私たちが言いたいのは、近年の技術の変化を踏まえ、企業は人間とマシン、モノやサービスとプラットフォーム、コアとクラウドのバランスを見直す必要があるということだ。それぞれのペアにおいて、ここ数年の間にマシン、プラットフォーム、クラウドの能力は飛躍的に拡大した。この事実をしっかりと見つめ、新しい視点からペアのバランスを考えなければならない』

（第1章より）

　著者がこの書籍を通して言いたいことを一言にまとめるならば、左の一節がそれに該当するでしょう。そして、ここで特に着目すべきは「バランス」という言葉です。

　この「バランス」という言葉をベースに本書を整理すると、以下のようになります。

①ゼロかイチかの極端な話ではない。どこかの中間地点に新たな最適値がある（だからバランスという言葉を使っている）
②その最適値になるまでには、ものすごいスピードの変化がある
③最終的な最適値がどこになるのかは、語ることができない
④なぜならば、それはビジネスによって異なるからだ
⑤だから、私たちはこの3つのレンズを使ってその最適なバランスを考えていこう

　「結局は自分で考えろってことか」と受け取ると身も蓋もない話に聞こえてしまいますが（笑）、潔いほどの現実論を語っているともいえるでしょう。

　つまるところ、この書籍が提供してくれているのは「3つのレンズ」であり、それ以上のことは私たちがそれぞれの持ち場で考えなくてはなりません。ただ、この複雑な世の中をシンプルに整理してくれる「3つのレンズの力」は大きいものがあります。安易な解決策を期待するのではなく、レンズをかけながら、共にあるべき世界のバランスを考えていきましょう。

№.35

スーパーインテリジェンス

超絶AIと人類の命運

「人類はAIによって滅ぼされるのではないか？」というホラーストーリーを、前提に前提を重ねてシナリオメイクした大作。いつ、どのようにしてスーパーインテリジェンスは出現するのか？　なぜ人類を滅亡に導くのか？　といった問いを1章ごとに丁寧に明かしていく。SFとしても読める作品。

ニック・ボストロム [著]　倉骨彰 [訳]
2017年　日本経済新聞出版社

この本の大事なポイント3つ

POINT 1

「スーパーインテリジェンス」
は本当に実現するのか？

POINT 2

どれくらいのスピードで
変化を迎えるのか？

POINT 3

スーパーインテリジェンスの
リスクは何か？

POINT 1 「スーパーインテリジェンス」は本当に実現するのか？

スーパーインテリジェンスとは何か？

"ありとあらゆる面において、
人間の認知パフォーマンスを
はるかに超える知能"

それを実現するためのシナリオは？

可能性のあるシナリオ

① **人工知能**が汎用化して進化する

②「**全脳エミュレーション**」
　（脳みそを模倣して知能を生み出す）の成功

③ **バイオテクノロジー**によって生身の
　人間の脳を高度化させる

④「**ブレイン・コンピュータ・インターフェイス**」
　（脳をコンピュータに直接つなげる技術の実現化）

⑤ 人類やセンサー、コンピュータを相互に
　ネットワークで接続し「**巨大知**」を実現させる

どれも可能性の域を出ない。
しかし、全て、可能性はゼロではない

POINT 2 ｜ どれくらいのスピード感で変化を迎えるのか？

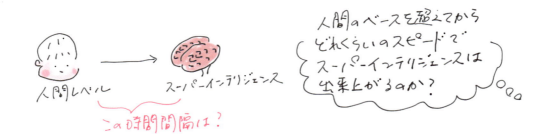

① **スローシナリオ**
（数十年から数百年）

スーパーインテリジェンスを想定して、社会制度や監視策などの準備をする余裕がある

② **モデレートシナリオ**
（数ヶ月から数年）

損得勘定で動く人々が想定外の動きをして、社会的混乱をひきおこす可能性がある

③ **ファストシナリオ**
（数分から数日）

あっという間なので、人間は何が起きているのかすら気づかない

未知のことばかりだが、ファストシナリオのように**爆発的スピード**の中でスーパーインテリジェンスが生まれる可能性が高い

POINT 3　スーパーインテリジェンスのリスクは何か？

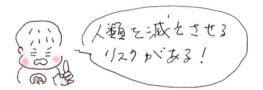

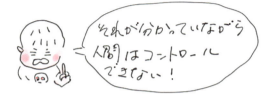

スーパーインテリジェンスを
コントロールする方法

例　ペーパークリップを100万個作れ！
とスーパーインテリジェンスに指示

↓

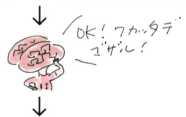

↓

「不足している可能性はゼロではない…」
「不良品がある可能性はゼロではない…」
そして永遠にペーパークリップを作り
続ける可能性があるのだ！

▶「それを人間が妨げる可能性がある」
　と思ったら、人間は排除されるかも

能力を
コントロール　┬ 閉じ込めメソッド
　　　　　　　├ インセンティブメソッド
　　　　　　　├ 能力スタンディングメソッド
　　　　　　　└ トリップワイヤーメソッド

動機を
コントロール　┬ 直接的指定
　　　　　　　├ 馴化性
　　　　　　　├ 間接的規範
　　　　　　　└ 増強アプローチ

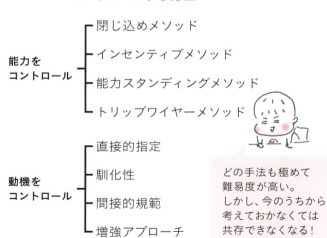

どの手法も極めて
難易度が高い。
しかし、今のうちから
考えておかなくては
共存できなくなる！

Pick Up Point

押さえておきたいこの一節

『「これは間違いなく、われわれを破滅へと導く話だ。フクロウ探しを始める前に、フクロウを飼いならし、手なずける方法を考えてみてはどうだろう」。
「フクロウの卵を見つけることですら難しい。なのに、フクロウを手なずけるなんて、難しすぎることだ。だからまず、フクロウを育てることから始めよう。そして、うまく成長させることができたら、お前の提案に挑戦してみようではないか」。長老が答えた』

（序章より）

　左に引用したのは、本書の冒頭にある「スズメ村の、終わりが見えない物語」という寓話です。力強いフクロウの手を借りたいスズメたち。しかしフクロウを手なずけることができるのか？ フクロウの暴走によってスズメの村は破壊されないか？ と議論が分かれるシーンです。

　手なずける方法を考えようというグループも、そもそも目の前にフクロウがいるわけではないので、それは高いハードルであることに気づきます。そうして効果的な手段が見出されないまま、ただフクロウの卵が持ち帰られることを待っている、という話です。

　この寓話では、スズメは人間を、フクロウはスーパーインテリジェンスのことを示唆しています。まだ目の前に存在しないスーパーインテリジェンスが実在することになった際、私たちはそれを飼いならす（コントロールする）ことができるだろうか？　本書はそんな問いかけを、ストーリーを通じて投げかけてきます。

　このストーリーのエンディングが分かるのは5年後か10年後か、そしてどうなるのかも分かりません。本書においても、「スーパーインテリジェンスをコントロールするためのいくつかの可能性」を論じつつ、そのいずれもが難易度が高いことを示しています。

　私たちスズメ村の村民には、この問題に対して現時点でなすすべはありませんが、少なくともフクロウの存在と飼い慣らし方の開発には注意深く見守っていく必要があるのでしょう。この書で提示されているキーワード、「コントロール問題」という言葉はウォッチしておいたほうがよさそうです。

「人生100年時代」というキーワードは、本書で紹介した『LIFESHIFT』の影響で一躍有名になりました。同書で改めて明確になったとおり、私たちの現役生活は、当初の想定よりも長く続くことになるでしょう。

かつては一つのスキルを30歳までにしっかり確立し、そのスキルをベースに40歳までに実績を残せば、マネジメント職に就いて引退を待つ、というシンプルなキャリアでなんとか凌げた時代だったかもしれません。しかし、人生という名のマラソンが長距離化する中において、かつては一つの折り返し地点と考えられていた40歳という年齢すら、まだ序盤戦である可能性があります。

おわりに
Outroduction

そして、変化は距離だけの話ではありません。そのマラソンの道行にもあります。たとえば『インターネットの次に来るもの』『限界費用ゼロ社会』や、はたまた『スーパーインテリジェンス』を引用するまでもなく、私たちが生きる未来の世の中のあり方は予想がつきません。マラソンの文脈で言えば、今までは舗装された道路が当たり前だったのが、気づけば山道を走るトレイルランニングになっていたり、水中を泳ぐことになっている可能性もある、ということです。どれだけマラソン選手として優れていても、「山道は全く無理」「水泳は苦手」ということではゴールにすらたどり着けない可能性があります。

ではそんな「距離もルール変更も見えないマラソン」に求められることは何なのでしょうか？　その方法は、「いつになっても学び続けること」です。

「マラソンしかない」と決めつけずに、ルール変更がありそうだったら新しいルールと攻略法を学べばいい。学んでみれば、ひょっとしたらマラソンよりも楽しさが

見いだせるかもしれません。

　そういう意味でいえば、私たちはもはや好むと好まざるに関係なく、これからの世の中を生き抜いていくうえで、「生涯学習」が私たちに課せられた要件なのだと思います。

　しかし、こう言っておきながら、私自身はこのようなホラーストーリーをベースにした「ねばならない」という論調が好きではありません。「私たちは学ばねばならぬ。だから学べ」なんてメッセージ、学生時代に戻ったようで、ちっとも心踊りませんよね。同じく学ぶとしても、「楽しいからこそ学ぶ」という人の方が健全だし長続きします。何を隠そう、この私自身も、義務感に駆られてというよりも、単に新しい世界を知ることが楽しいからこそ学んできた張本人です。「仕事がハードな中でも毎日読書は欠かさなかった」的なマッチョなストーリーではありません。

　そう意味では、この本は「どうせ学ぶんだったら楽しく学ぼう！」、「学ぶことって楽しいことだよね？」といったテイストを出来るだけ醸し出したつもりです。マッチョな本をストイックに吸収する、ということが好きな人はその道を突き進んでいただければ良いわけで、そういうことが苦手な大多数の人にとっては、まずは本書を通じて「良書から学ぶことの楽しさ」から感じ取っていただければ嬉しいです。そして、一人でも多くの人が、この「よく分からないマラソン」の行程において、「楽しく学びながら進む集団」の一員になっていただければそれに勝るものはありません。

さて、本書作成の過程では多くの人に支えていただきました。最後にこの場をお借りしてお礼を申し上げます。

　グロービスの広報室、橋田真弓子さんには、この企画の書籍化の橋渡しをしていただきました。私のFacebookで繋がっている友達の皆さん、特にグロービス経営大学院の受講生・卒業生の皆さんからは、ウォールでの反応やコメントを通じて、大いなる書籍化の後押しをしていただきました。私がアドバイザーを務めている株式会社フライヤーの皆さんにも、出版業界に携わるプロフェッショナルとして、陰ながら応援をいただき励みになりました。

　また、株式会社ディスカヴァー・トゥエンティワンの書籍編集部リーダーである千葉正幸さんは、このような変則的な企画に対して速攻で書籍化の決定をしていただき、あっという間に素晴らしい形にしていただいたことに大変感謝しています。

　最後に、私の描くイラストの最大のファンである妻の昌子、息子の創至、大志からは、この書籍化を進める間のパワーを最大限いただきました。家族には感謝してもしきれません。

　ここに書ききれない数多くの皆様も含めまして、この場をお借りして改めてお礼を申し上げたいと思います。

　そして、この本をきっかけに、ビジネス書を通じた新たな学びのスタイルに気づく人が一人でも増えることを願っております。

2018年11月　グロービス経営大学院教授　荒木博行

見るだけでわかる！ビジネス書図鑑

発行日　2018年11月20日　第1刷
　　　　2018年11月30日　第3刷

Author	グロービス
Writing & Illustrating	荒木博行
Book Designer	新井大輔　中島里夏（装幀新井）
Publication	株式会社ディスカヴァー・トゥエンティワン 〒102-0093　東京都千代田区平河町2-16-1 平河町森タワー11F TEL 03-3237-8321（代表）　FAX 03-3237-8323 http://www.d21.co.jp
Publisher	干場弓子
Editor	千葉正幸

Marketing Group
Staff　小田孝文　井筒浩　千葉潤子　飯田智樹
　　　　佐藤昌幸　谷口奈緒美　古矢薫　蛯原昇
　　　　安永智洋　鍋田匠伴　榊原僚　佐竹祐哉
　　　　廣内悠理　梅本翔太　田中姫菜　橋本莉奈
　　　　川島理　庄司知世　谷中卓　小木曽礼丈
　　　　越野志絵良　佐々木玲奈　高橋雛乃

Productive Group
Staff　藤田浩芳　原典宏　林秀樹　三谷祐一
　　　　大山聡子　大竹朝子　堀部直人　林拓馬
　　　　塔下太朗　松石悠　木下智尋　渡辺基志

Digital Group
Staff　清水達也　松原史与志　中澤泰宏　西川なつか
　　　　伊東佑真　牧野類　倉田華　伊藤光太郎
　　　　高良彰子　佐藤淳基

Global & Public Relations Group
Staff　郭迪　田中亜紀　杉田彰子　奥田千晶
　　　　連苑如　施華琴

Operations & Accounting Group
Staff　山中麻吏　小関勝則　小田木もも
　　　　池田望　福永友紀

Assistant Staff　俵敬子　町田加奈子　丸山香織　井澤徳子
　　　　　　　　藤井多穂子　藤井かおり　葛目美枝子　伊藤香
　　　　　　　　鈴木洋子　石橋佐知子　伊藤由美　畑野衣見
　　　　　　　　井上竜之介　斎藤悠人　平井聡一郎　宮崎陽子

Proofreader　株式会社T&K

Printing　日経印刷株式会社

- 定価はカバーに表示してあります。本書の無断転載・複写は、著作権法上での例外を除き禁じられています。インターネット、モバイル等の電子メディアにおける無断転載ならびに第三者によるスキャンやデジタル化もこれに準じます。
- 乱丁・落丁本はお取り替えいたしますので、小社"不良品交換係"まで着払いでお送りください。

ISBN 978-4-7993-2381-6　©GLOBIS, Hiroyuki Araki, 2018, Printed in Japan.